隠れ増税

なぜあなたの手取りは増えないのか

JN231287

山田　順

青春新書
INTELLIGENCE

はじめに

最近の日本は「日本スゴイ」であふれています。本もテレビも日本礼賛《らいさん》企画の洪水で、繰り返し、繰り返し、「日本はこんなところがスゴイ」と叫び続けているような有様です。

ついこの間までは、テレビに外国人が登場しても、日本をあまりほめることはありませんでした。ひと昔前、『ここがヘンだよ日本人』（1998〜2002、TBS系列）という人気番組がありましたが、この番組では外国人が日本のおかしな点を指摘すればするほど視聴率が上がったのです。

ところが最近はまったく逆で、外国人を集めた番組では、「日本のここがスゴイ」ということを言わない外国人には出番がなくなりました。

そこで、私はあえて問いかけます。日本はそんなにスゴイのでしょうか？

もし、私が「日本のどこがスゴイと思いますか？」と聞かれたら、以下のように答えるでしょう。本当にこの点だけは、日本は世界でも稀《まれ》に見るスゴイ国だと思うからです。

「日本は世界でも断トツの借金国家です。そのため、近年、税金がどんどん上がり、世界でも有数の重税国家になりました。

現在、この国に暮らしているだけで、信じられないくらい高い税金を取られます。しかし、ほとんどの日本人は文句一つ言いません。真面目にせっせと納税しています。こんなスゴイ国は世界にないと思います」

これは冗談と言えば冗談です。しかし、単なる冗談とはとても言えない部分もあります。もちろん、私は皮肉をこめて言っているのですが、日本が「世界でも有数の重税国家」であるというのはまぎれもない事実です。

ところが、このことを多くの日本人が認識していません。「日本は重税国家」「税金が高すぎる」と言うと、「？」と腑に落ちない顔をされる方が多いのです。

私には信じられないことです。

重税国家というと、収入の半分以上を税金で持っていかれる北欧の国々、たとえばスウェーデン、ノルウェー、フィンランド、デンマークなどを挙げる方がいますが、これらの国々はいずれも高福祉国家です。

したがって、重税といっても「重税感」はあまりありません。国民は納税した分のしっかりした行政サービスを受けているからです。

ところが、日本はこれらの国々に匹敵する重税国家であるにもかかわらず、それに見合った行政サービスを受けられていないのです。

最近、若者の「奨学金破産」が問題になっています。

日本の高等教育（大学）の学費は一般家庭の子女が通うには高すぎるため、大学生の約半分が奨学金をもらって大学に行っています。しかし、卒業後に就職しても返済のメドが立たず、自己破産するしかない状況に追い込まれる例が後を絶たないのです。

これは、日本の奨学金がじつは奨学金ではなく単なる学費ローンだということもありますが、もっと大きな原因として、税金が適切に使われていないということが挙げられます。

前記した北欧諸国では、学費は大学まで無料です。ところが、日本の大学は、国立大学ですら、考えられない額の入学金と授業料を取ります。なぜこんなことが平然と行われているのでしょうか。

それは、たとえば東京から名古屋間まで40分で行けるというメリットしかないリニア中央新幹線に税金をつぎ込むというような、馬鹿げたことを政治が決めているからです。税金でまかなわれる公務員の給料が民間よりはるかに高いという、信じられないことも平然と行われています。

また、地方では「地方創生」と称して、役にも立たない「ゆるキャラ」や「町おこし」などに税金がつぎ込まれています。そのため、国ばかりか、地方自治体のほとんどが赤字財政に陥っています。


こんなことが起こっているのに、「日本は重税国家で、国民が重い税金に苦しんでいる」と言うと、なぜ「?」となる人が多いのでしょうか。また、なぜメディアもこのことをほとんど取り上げないのでしょうか。

それは、この国では税金の種類が多いうえ、「見えない税金」もあり、さらに源泉徴収制度などの巧妙な徴税システムによって、税金の実態が庶民にわからなくなっているからでしょう。メディアが税金についてなおざりな報道しかしないことも、原因の一つです。

とにもかくにも、日本の税制はあまりに複雑で税金の種類が多すぎます。なにしろ、国や自治体に収める国税、地方税だけで50種類以上もあり、見えない税金として、「たばこ税」「酒税」「自動車関係諸税」(自動車取得税、自動車重量税、軽油引取税など)「入湯税」「ゴルフ場利用税」「一時所得税」などがあります。

さらに、「税」という字がつかない「年金」や「健康保険」も、強制的に徴収されるので一種の税金だと言えます。また、公共サービスであるNHKの受信料、水道料、電気料金なども同じ。これらの支払いだけで、給与所得者の収入の半分は消えていきます。

これらの税金とは別に、基本的な税金である「所得税」や「住民税」は、給与所得者の場合、源泉徴収制度によって毎月給与から天引きされています。

つまり、多くの日本人は、自分が自分の所得からいったいどれくらいの税金を払っているか把握していないのです。これでは、税が軽いのか重いのか判断できないのも当然です。

「国民負担率」という言葉があります。これは、国全体の収入である「国民所得」に対して、税金や健康保険料などの社会保険負担がどれくらいの比率になっているかを表した数字です。財務省が発表している最新の数字（平成28年度＝2016年度の見通し）は、43・9％。そして、これを国際比較したのが、次の［図表1］です。

この図表も財務省が発表しているもので、ここでは各国と比較するため2013年度の数値を使っています。

それでは、日本の国民負担率の41・6％（2013年）は、ほかの国々に比べて高いのでしょうか、低いのでしょうか？

アメリカが32・5％ですから、アメリカに比べれば高いと言えますが、イギリスが46・5％、ドイツが52・6％、ノルウェーが53・4％、スウェーデンが55・7％、フィンランドが64・3％、デンマークが68・4％ですから、この数字だけを見ると日本の国民負担率が高いとは言えないでしょう。

しかし、前記したように、日本の行政サービスの充実度や質を考慮しなければ意味がありません。

[図表1]国民負担率(対国民所得比)の国際比較(OECD加盟33カ国)

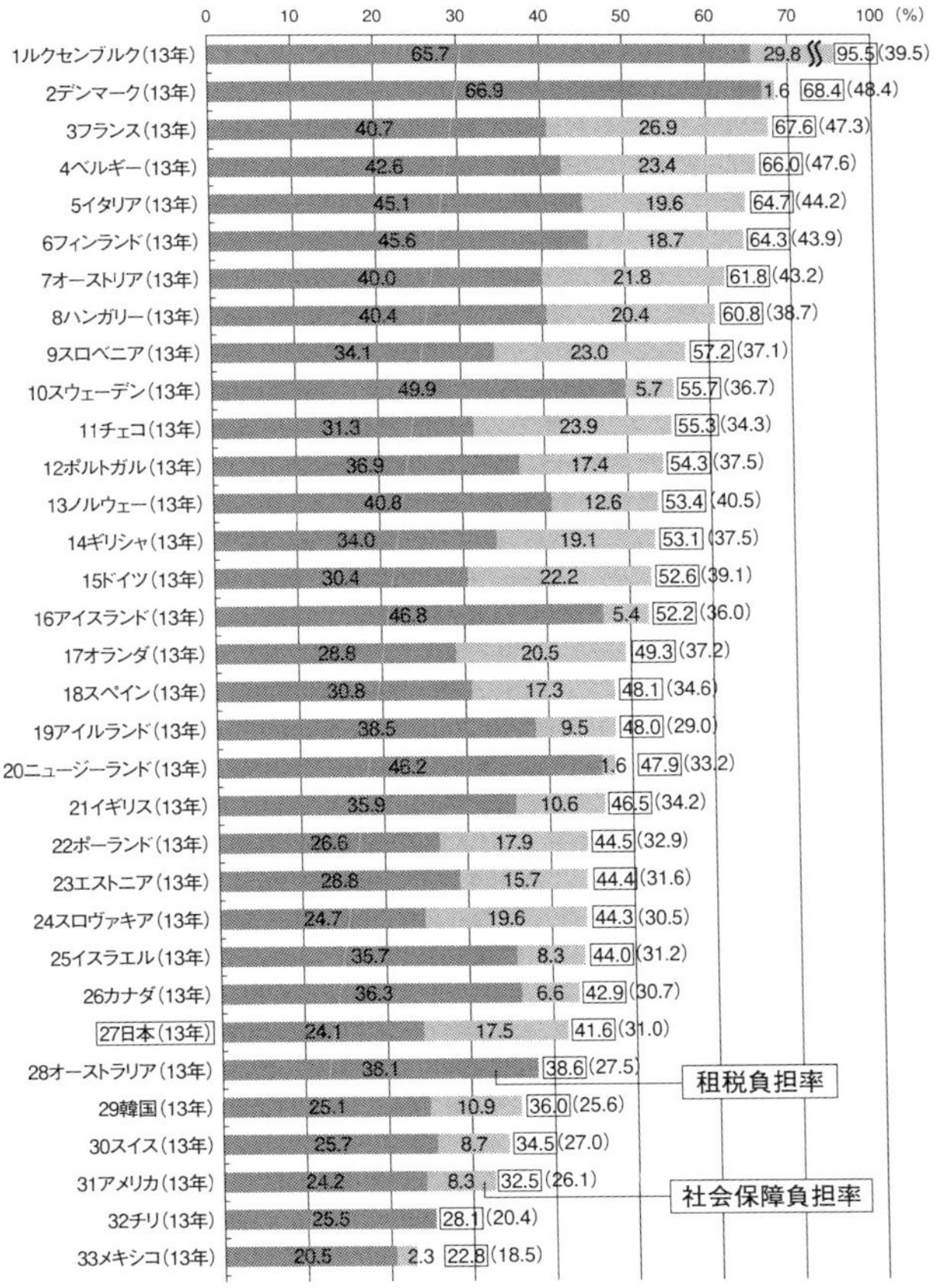

※OECD加盟国34カ国中33カ国の実績値。残る1カ国(トルコ)については、国民所得の計数が取れず、国民負担率(対国民所得比)が算出不能であるため掲載していない。
※括弧内の数字は、対GDP比の国民負担率。
※日本/内閣府「国民経済計算」等
諸外国/National Accounts(OECD) Revenue Statistics(OECD)
出典:財務省ウェブサイト

さらに、国の財政赤字という要素も考慮に入れなければ、本当の国民負担はわかりません。国の借金は、将来にわたって国民の税金で支払われるからです。国民負担に財政赤字を加えたものを「潜在的国民負担率」と言い、こちらが本当の負担を表しています。

では、日本の潜在的国民負担率はどれくらいでしょうか。

財務省の発表によれば、2016年度の潜在的国民負担率は50・6%。なんと、私たちは収入の半分以上を国に強制的に徴収されているのです。

話を国民負担率に戻しますが、ここ半世紀ほど、日本の国民負担率は上がり続けています。それを示したのが次の【図表2】です。

このグラフを見れば一目瞭然ですが、1970年から国民負担率は上がり続けています。いちばん上のラインが「国民負担率」で、次のラインが「租税負担率」、下のラインが「社会保障負担率」(健康保険料や年金保険料などの社会保障費の割合)です。租税負担率はそれほど上がっていないのに、社会保障負担率が右肩上がりで増加してきていることがわかります。

そして、2016年の国民負担率はなんと43・9%に達し、日本はまさしく重税国家に

[図表2]日本の国民負担率の推移

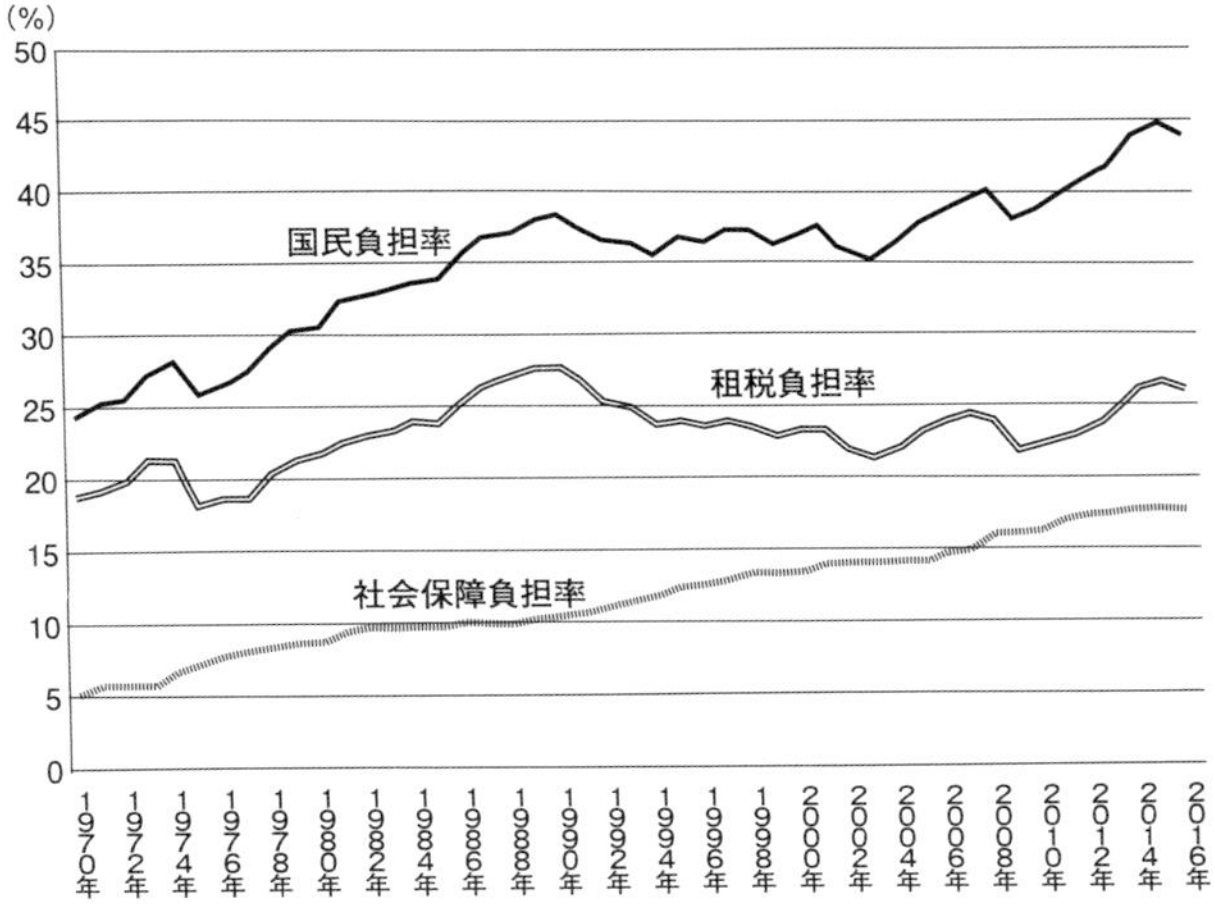

出典：財務省ウェブサイトより作成

なってしまったのです。

日本の税金のことを考えていくとき、たった一つはっきりしているのは、現在この国は、税金収入だけではまかなえていないということです。日本は毎年、膨大な借金を重ねており、それによって国家が運営されているのです。

つまり、今後さらなる高齢化で社会保障費が増大するなかで国を成り立たせるには、この先も借金を続けて、増税をしていかなければならないのです。

というより、そう国民が思い込まされると言ったほうがいいでしょう。

財政規模を縮小し、借金を増やさないよう政府を小さくするという道もあるからです。しかし、この国の政治家と官僚たちがそんなことをするでしょうか?

戦後の混乱期を除き、政府がそんなことをしたことは一度もありません。国家予算は毎年増え続けているのです。

国の借金は国債発行によって行われますが、その国債の担保は税金です。したがって、現在の財政状況のままで増税を止めてしまうと、最終的に日本経済への信認が崩れ、いずれ財政破綻するかインフレによる借金圧縮が必至になります。

ところが不思議なことに、この国には「財政破綻はありえない」とする評論家やエコノミストがいます。国の借金は、一般の借金とは違うというのです。しかも、あろうことか、「国の借金は国民の資産」とまで言う〝お花畑〟思考の評論家もいます。

しかし、どんなに国のバランスシートを示して理屈をこねくり回そうと、借金は借金ですから、個人も企業も国も同じで、返さなくていいという理屈は成り立ちません。借金が増えれば増えるほど税金は上がり続け、この先、日本は経済成長などできなくなってしまうのです。実際、それはもう現実のことになっています。日本はすでに人口減社会に突入しており、毎年20~30万人の人口が失われているのですから、それだけでも経済成長は無理です。人口減にともない、生産労働人口（働く人の数）もどんどん減っています。

乱暴に聞こえるかもしれませんが、いっそのこと財政破綻してしまったほうがマシなのです。もちろん、ここで言う財政破綻は、会社が倒産するようなこととは違います。日本では国債のほとんどを国内で保有しているので、国債がデフォルトするような財政破綻は起こらないでしょう。

詳しくは第9章で述べますが、起こるのは前記したインフレによる借金圧縮です。これを「インフレ税」と言い、じつはこれも税金のひとつだと考えられます。

インフレ税を払うような事態になると、じつは国民は負担から解放されます。そうでなければ、いまでも潜在的国民負担率が5割を超えているこの国で、さらに税金は上げられ、国民の苦しみは増すばかりです。消費税の10%への引き上げは2019年10月まで先送りされましたが、10%になってもそれでおしまいではありません。

さらなる負担増に直面したとき、私たちの暮らしがどうなってしまうかは、考えるだけで恐ろしくなります。

次の【図表3】は「世界借金地図」です。この世界地図は、「Visual Capitalist」というサイトが掲載しているもので、国民1人当たりの借金の大きさに応じて描かれています。

この地図を見れば、日本の借金が世界のどの国より大きくなっていることがわかります。なんと私たちは、1人当たり8万5700ドル（約900万円）の借金を背負っているのです。世界にこんな国はありません。

日本国憲法第84条は、「あらたに租税を課し、又は現行の租税を変更するには、法律又は法律の定める条件によることを必要とする」と定めています。

これは、いわゆる「租税法律主義」というもので、税金はすべて法律改正によりなされるという規定です。

ところが、日本の税金は、実質的に政府の「税制調査会」（内閣総理大臣の諮問機関）が官僚と結託して決めてしまい、国会は単にそれを承認するだけの場となっています。つまり、国民がほとんどあずかり知らぬところで増税は決まっていくのです。

[図表3]国民1人当たりの借金に比例した世界地図

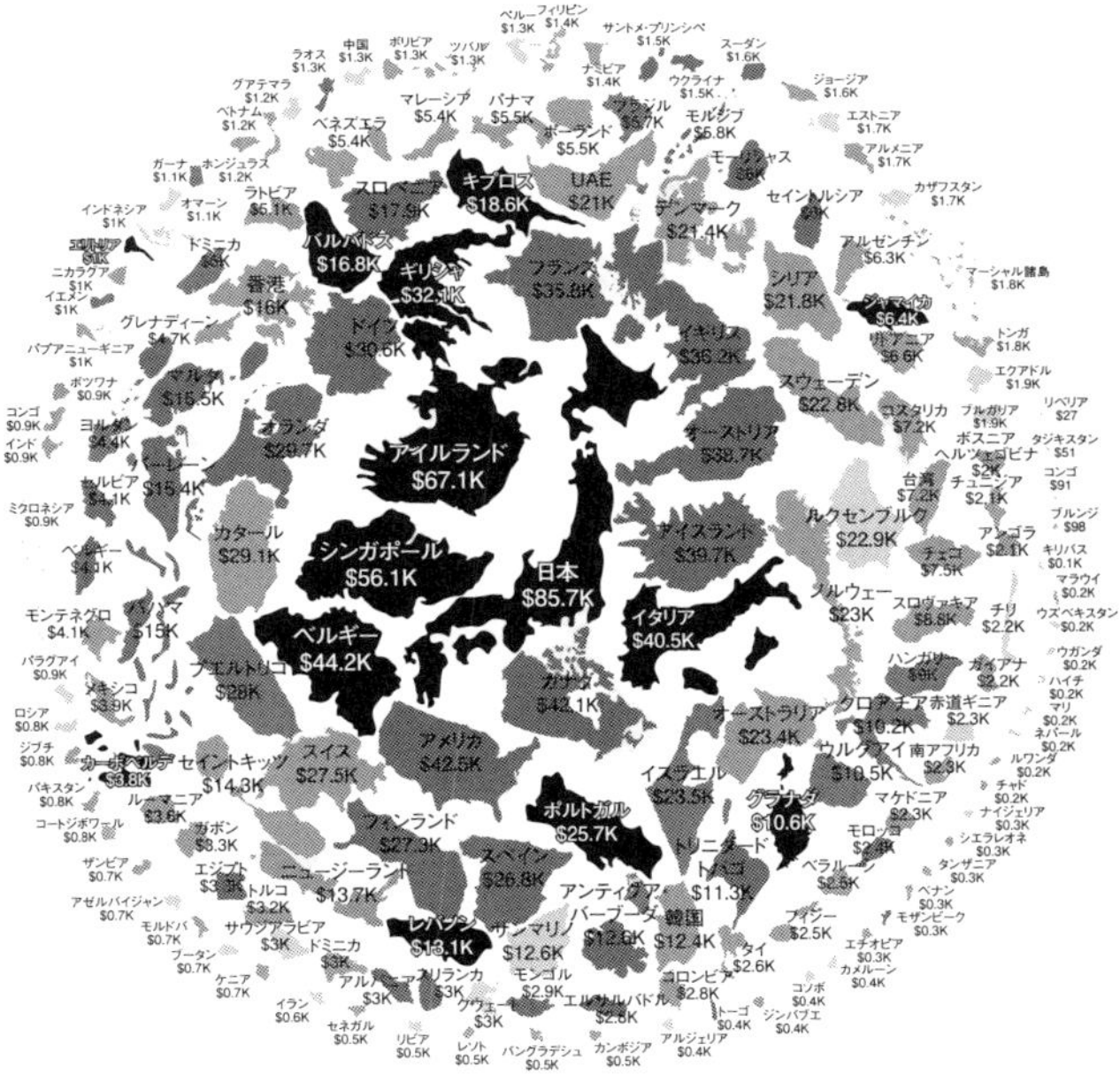

GDP に占める国の借金率：30%以下、30%〜60%、60%〜100%、100%以上

出典：Visual Capitalist より作成

われわれは、消費税の増税のような大きな動きには敏感に反応し、反対の声を上げることもありますが、それ以外の所得税や相続税、贈与税などの増税については、「いつの間にか決められていた」と感じることが少なくありません。

それにもかかわらず、メディアにはこうした行政の恣意的な課税から国民を守ろうという意識がほとんどありません。財務省の言うとおりに「増税しないと財政は破綻する」「福祉を維持するには増税はやむを得ない」「まだ増税の余地がある」などと言っているのです。

本書のタイトルである「隠れ増税」というのは、国民に見えないところで決まっている増税や、増税の形をとらなくてもいつの間にか負担増になっている、実質的な増税のことを指します。

このことについて、私たちはこれから先もっと考えていかなければならないと思うのです。

重税国家に嫌気がさして、すでに多くの富裕層や有能なビジネスマン、起業家たちが国を出ています。また、企業が拠点を海外に移す例も多くなってきています。

タックスヘイブン（租税回避地）は日本のような官僚統制国家では「悪」とされていますが、本当は重税国家の理不尽な徴税から逃れるための「自由な地」とも言えるのです。それはお金持ちにとっても庶民にとっても同じ。タックスヘイブンには、それなりの存在意義があるのです。

このまま日本が重税国家路線を突き進めば、いま以上に多くの国民が国を出ていくでしょう。富裕層や有能なビジネスマンばかりか、将来に希望が持てなくなった若者たちまで日本を離れることになります。

本書は、日本がいかに重税国家であるかを描き、税金とはなにか？　私たちは本当にこんなに税金を払う必要があるのか？　を考えるための本です。

日本はまがりなりにも「民主政体」（デモクラシー　※デモクラシーを「民主主義」と訳すのは間違い）の国なのですから、これ以上、非効率な税金を払い続ける必要などありません。

私は根っからの「小さい政府」主義者です。つまり、できる限り、政府は小さくてよい、税金はできる限り少ないほうがよいと考えています。

あなたはどうお考えでしょうか？　本書を読んで、税金とこの国のあり方について、あらためて考えていただくきっかけになれば幸いです。

隠れ増税——なぜあなたの手取りは増えないのか——目次

第1章　「消費税10%」は通過点にすぎない

第2章　給与所得者は惜しみなく奪われる

第3章　超・重税国家へのロードマップ

第4章　すでに破綻している「年金」という税

第5章　強化されつつある富裕層包囲網

第6章　住宅ローンと固定資産税のワナ

第7章　こんなに過酷な日本の所得税と相続税

第8章　サラリーマンにも節税策はある

第9章　「インフレ税」で吹き飛ぶ資産

本文ＤＴＰ◇メディアタブレット

第1章　「消費税10％」は通過点にすぎない

安倍首相による突然の「増税延期」宣言

消費税は、２０１７年４月から税率が２％上がり、10％になることになっていました。ところが、２０１６年５月の伊勢志摩サミット後、安倍晋三首相は突如延期を宣言し、その結果、増税は２０１９年10月に延期されました。

８％でも苦しい庶民には「ほっと一息」といったところですが、延期されただけで増税が中止になったわけではありません。

そこで、なぜ安倍首相は消費税増税の延期を決めたのか。まずは、このことを振り返ることで、消費税を含めた日本の税金に関して考えていくことにしましょう。

２０１２年12月に安倍政権が誕生し、「アベノミクス」が始まって以来、安倍首相は「日本経済は回復基調にある」と言い続けてきました。アベノミクスの効果がないことをいくら批判されても、「アベノミクスは道半ばである」とし、これを認めてきませんでした。

消費税を増税するという既定路線を止めるには、アベノミクスがうまくいっていないことを認めなければなりません。そうしなければ、理屈として整合性が取れないからです。

つまり、「このままでは景気が悪化する」という理由づけがなければ、増税を止められないのです。実際、安倍首相はそれまで、「東日本大震災並みの危機でない限り増税は実施する」と言っていました。

ところが、安倍首相は２０１６年の伊勢志摩サミットで突然、「世界経済にはリーマンショック並みのリスクがある」と言い出し、「（増税延期は）これまでの約束とは異なる新しい判断だ」と説明したのです。しかも、この判断を正当化するために、参院選で「国民の信を問いたい」とまで言ったのでした。

これは、一言で言えば〝屁理屈〟。サミットで、ＩＭＦのラガルド専務理事は「世界経済は安倍首相が言うような危機的状況にはない」と否定し、集まった世界の首脳たちも安倍発言には首を傾げたからです。

クルーグマンを呼んで「延期」を提言してもらう

じつを言うと、増税延期は日銀がマイナス金利政策に踏み込んだ後の２０１６年3月に、すでに決まっていたようなものです。このとき、安倍首相はノーベル賞経済学者のジョセフ・スティグリッツとポール・クルーグマンを日本に招き、「増税延期」のお墨付きをもらおうとしたからです。

この会談の内容はマスコミには非公開でしたが、後にクルーグマン自身が「日本政府に提言をした」とフェイスブックで公開してしまいました。

クルーグマンといえば、アベノミクスの量的緩和と財政出動政策という「リフレ政策」（第1の矢と第2の矢）の後ろ盾となった政策の立案者です。

彼は自らの論文「流動性の罠」（1998年）で主張したように、中央銀行が国債を買ってマネーを供給する政策が経済効果を生むとしてきました。そして、この考えを安倍首相に直接訴えたのが、内閣官房参与となった経済学者の浜田宏一氏です。

しかし、このリフレ政策は、日本経済にまったく効果がありませんでした。それで、クルーグマンはこの失敗を認め、消費税の増税延期を提言したのです。彼は、こう述べていました。

Fiscal policy. Everything we have seen for the past seven years suggests that fiscal policy remains effective, especially effective in these circumstances.---- The idea that one should be prioritizing long-run budget issue over fiscal support now seems to me to

be extremely misguided. Obviously I am talking about the consumption tax here.
「財政政策。私たちは過去7年間、財政政策は有効であり続けていることを見続けてきました。とくに現在のような環境では有効です。（しかし）財政支援より長期の政府予算の問題を優先すべきだという考えは、いまの私にはまったく見当違いに思えます。私がここで明白に言っているのは消費税についてです」

つまり、クルーグマンは日本政府に対して「消費税の増税を延期せよ」と、明確に言ったのです。そして、この提言に「いま日本経済にはリーマンショック並みのリスクがある」という〝屁理屈〟をつけて、安倍首相は増税延期を決断したわけです。
「アベノミクスが失敗したので、増税を延期する」と言うわけにはいかないので、それを避けたわけです。

これが、消費税の増税延期の真相です。

市中におカネがあふれるという「ウソ」

この消費税の増税延期でわかるように、アベノミクスというのは、大方が〝幻想〟（ファンタジー）にすぎません。端的に言えば失敗です。

このことは、今後、日本の税制を考えていくうえで非常に重要です。なぜなら、このアベノミクスの失敗のツケを税金で払うのは私たちだからです。

アベノミクスは「3本の矢」から成っているという説明はもう聞き飽きたと思いますが、とくに1本目の矢である「量的緩和」は大失敗です。

リフレ派が想定したようなこと（＝デフレから脱却して2％のインフレになる）はまったく起こらず、日銀の「黒田バズーカ砲」は、今日まですべて不発に終わったからです。

なぜでしょうか？

それは、実際には金融緩和など起こらなかったからです。リフレ派は、デフレが財政問題のすべての元凶と考え、インフレへの転換を図るために金融を緩和すること（おカネを市中に大量に供給すること）を主張しました。

そうすればインフレが起こり、人々は将来物価が上がるなら先にモノを買っておこうとするので消費が増え、それにより企業の収益が増え、結果的に景気がよくなると言ったのです。

さらに、景気がよくなって企業や富裕層が潤えば、雫がしたたり落ちるように下の層までお金がまわる「トリクルダウン」が起こると主張しました。

しかし、量的緩和によって、たしかに「マネタリーベース」は積み上がりましたが、市中に出回るおカネ（＝マネーストック）はたいして増えなかったのです。

これまでエコノミスト、メディアは、日銀がおカネを大量に刷って、それが市中にジャブジャブに供給されていることを前提に日本経済を語ってきました。「異次元緩和」というフレーズも、そのイメージからきています。

しかし、実際にはそんなことは起こっていません。つまり、これまでの経済記事、アベノミクス記事は「ウソ」を前提として書かれてきたのです。

このことを、私はすでに自著『円安亡国』（文春新書、２０１５年）で説明しましたが、ここでもう一度、詳しく説明したいと思います。

日銀当座預金に「ブタ積み」されただけ

まず「マネタリーベース」ですが、これは、現金通貨と民間の金融機関が中央銀行（日銀）に預けたおカネの合計のことを言い、次のように計算されます。

マネタリーベース＝日本銀行券発行高＋貨幣流通高＋日銀当座預金

次に「マネーストック」ですが、これは民間部門（金融機関と中央政府を除く、一般法人、個人、地方公共団体）が保有する通貨量（通貨保有量）のことで、市中に流通する通貨の量を示しています。このマネーストックは、マネタリーベースが増加すれば自然に増えていきます。

マネタリーベースは信用創造の基礎となるおカネで、このおカネが日銀から民間金融機関に供給され、貸し出しの原資となります。そして、「貸し出しと預金の繰り返し」によって金融機関と企業、個人を循環することで、預金を増やしていきます。つまり、経済活動が活発化するわけです。

しかし、異次元緩和では、前記したようにマネタリーベースは増えましたが、マネーストックはたいして増えませんでした。

日銀は、国債やＥＴＦ（上場投資信託）を購入して、マネタリーベースを増やします。異次元緩和では、日銀は年間80兆円のペースで国債を購入し、３兆円～６兆円のペースでＥＴＦを買ってきました。この代金は民間の金融機関に入るので、それが貸し出しに回れば、リフレ派が言ったようなことが起こる可能性がありました。

しかし、このおカネはほぼそのまま、民間金融機関が日銀に持っている「日銀当座預金」に積まれてしまいます。これを「ブタ積み」と呼びますが、積まれたままで使われず、外に出て行かなかったのです。

なぜこんなことが起こったかと言うと、ブタ積みの方が儲かるからです。

日銀当座預金は、「法定準備」と「超過準備」で成り立っています。「法定準備」とは、「準備預金制度」という制度により、金融機関が預金総額の一定割合を日銀に預けることになっているおカネのことです。

それを超えて預けられたのが「超過準備」です。法定準備は2016年末現在、約8兆7000億円。とすると、それを超えたおカネは日銀から出て行き、民間金融機関によって市中に流れるはずですが、そうはなりませんでした。

なぜかというと、超過準備には「補完当座預金制度」という制度により、2008年から付利0・1%がつくようになったからです。本来なら金利ゼロのはずなのに付利0・1%がつく。これはじつは大変なことです。

ずっと低成長が続いてきた日本で、おカネを貸すことで確実なリターンを得られる投資先がどれほどあるでしょうか。

金融機関に借り入れを申し込んでいるのは、返済能力が危ぶまれるところばかりというのが現実です。それなら、日銀に置いていたほうがマシだというわけで、日本の名だたる金融機関はほとんど、日銀当座預金に資金を積み重ねてきただけだったのです。

マネーストックは増えず、異次元緩和は失敗

次の【図表4】は、日銀当座預金残高の推移グラフです。

アベノミクスが始まる以前、2012年12月は47・2兆円でしたが、2013年4月の量的緩和（異次元緩和＝黒田バズーカ砲）以来、劇的に増加。2013年12月には107・1兆円に達しています。

その後も増え続け、2014年12月に178・1兆円、2015年12月に253兆円となり、2016年12月は321・8兆円になっています。

2016年1月に「マイナス金利付き量的・質的金融緩和」（いわゆるマイナス金利政策）が導入されましたが、ブタ積みは変わりませんでした。

マイナス金利と言っても、日銀当座預金が3階層に分割されただけで、それぞれの階層

[図表4]日銀当座預金残高の推移

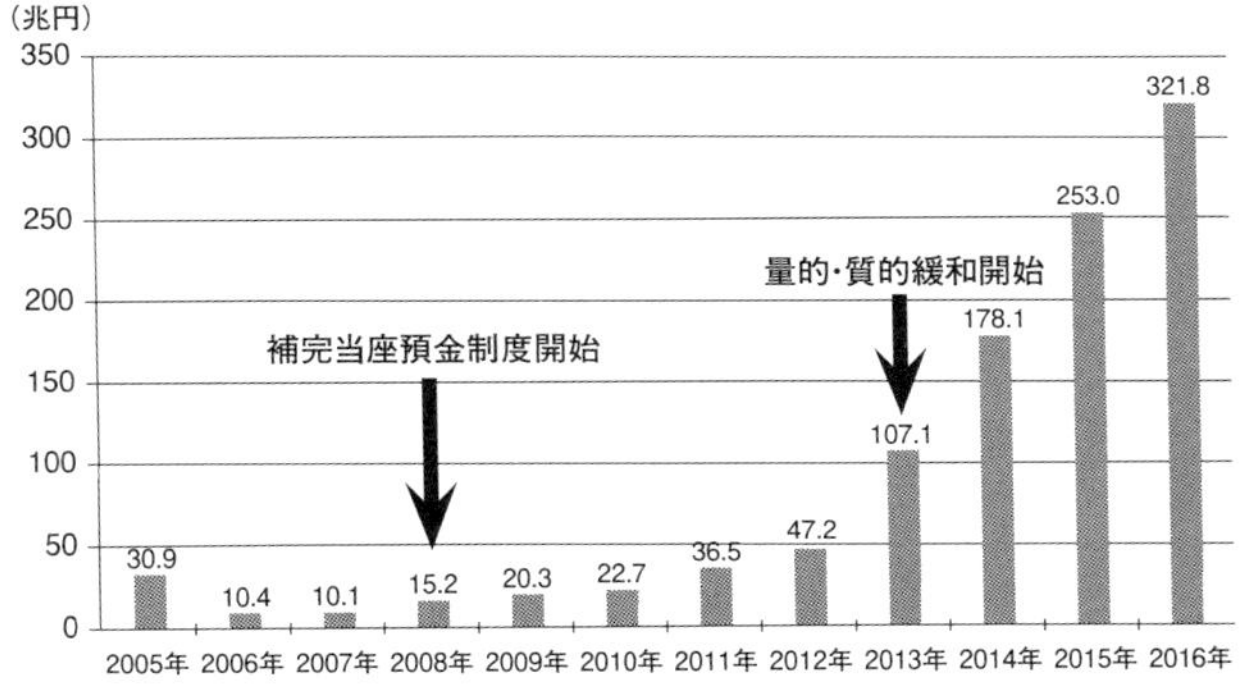

出典：日銀資金循環統計より作成

ごとにプラス金利、ゼロ金利、マイナス金利が適用されることになっただけなのでそれも当然です。

ただ、このうちのマイナス金利分はさすがにブタ積みされないはずでしたが、そうはなりませんでした。このおカネが行った先が、市中にある国債だったからです。

銀行は、マイナス金利になる当座預金残高の超過分の資金で金利が下がった国債を買い、これを日銀に売る。これを繰り返したのです。マイナス金利は、銀行に対して懲罰的な意味を持つものでしたが、結果は逆、銀行に儲ける機会を与えていたのです。

つまり、マイナス金利になっても日銀から市中におカネは出ませんでした。

ちなみに、マイナス金利が導入された2016

年1月時点で、日銀当座預金残高は約260兆円。このうち約210兆円（超過準備）に従来通りプラス0・1％の金利が付与され、約40兆円がゼロ金利、残りの約10兆円にマイナス0・1％の金利が適用されました。

そして、このマイナス金利分適用残高は、その後まったく増えていないのです。

次の**【図表5】**は、マネタリーベースとマネーストックの推移を比較したグラフです。このグラフでわかるのは、マネーストックにはばらつきがあるものの、毎月数兆円規模で増え続けている（前月比マイナスになる月もあり）ことです。

なお、このグラフのマネーストックは、日銀が代表的な指数としている「M3」を使用しました。日銀は「M1」、「M2」、「M3」を統計化し、それぞれを次のように定義しています。

M1＝現金通貨＋預金通貨（要求払預金）
M2＝現金通貨＋国内銀行等に預けられた預金
M3＝M1＋準通貨＋CD（譲渡性預金）＝現金通貨＋全預金取扱機関に預けられた預金

[図表5]マネタリーベースとマネーストックの推移

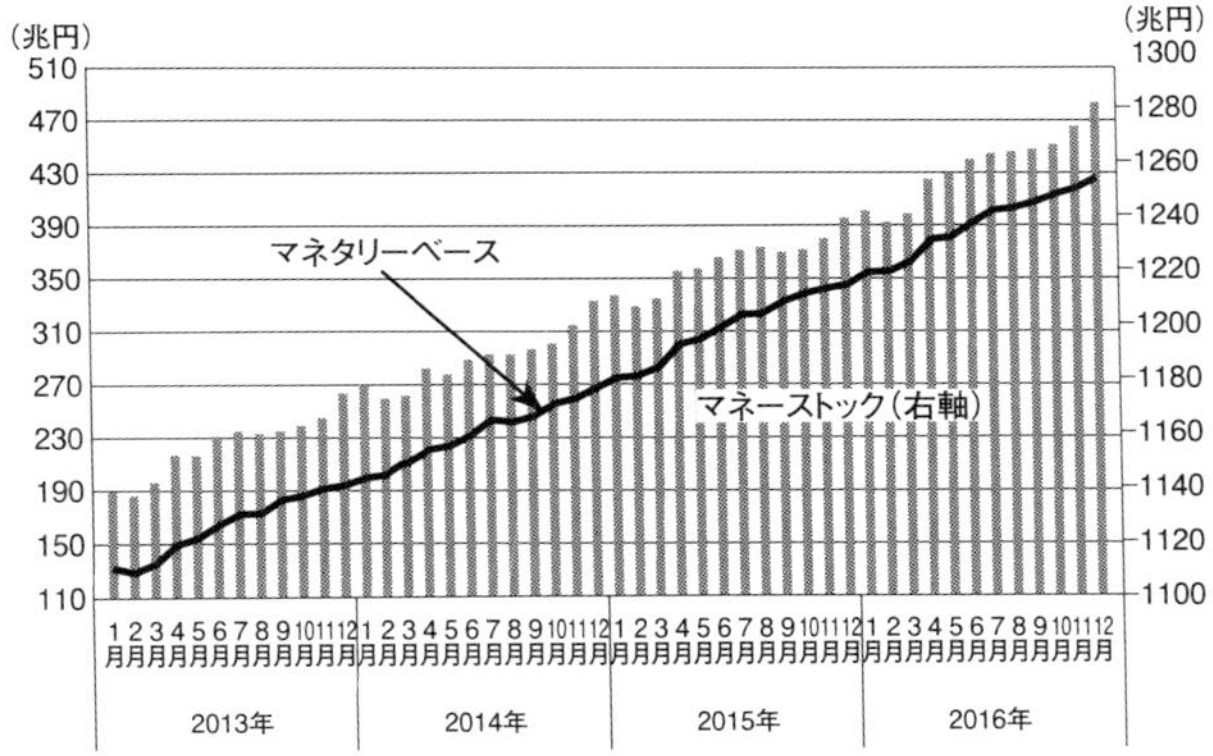

※マネタリーベース、マネーストックともに平均残高、マネタリーストックは、日銀が採用している「M3」
出典：日銀資金循環統計「時系列データ」より作成

グラフでわかるように、２０１３年の異次元緩和以後、マネタリーベースは急増しています。しかし、それにもかかわらず、マネーストックはマネタリーベースの伸びほどは増えてはいません。

２０１６年12月平均が１２８２・２兆円、１年前の２０１５年12月平均が１２３９・５兆円なので、マネーストックはこの１年間で約43兆円しか増えていません。

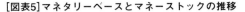

しかし、マネタリーベースは２０１６年12月平均が４２６・４兆円で、１年前の２０１５年12月平均が３４６・４兆円ですから、約80兆円も増えているのです。

つまり、マネーストックは額にしてマネタリーベースの半分しか増えていません。

これでは、異次元緩和とはとても呼べません。したがって、リフレ派の思惑は崩れ、デフレは解消せず、景気もよくならないのです。

以下に、異次元緩和の内容をまとめておきます。

■異次元緩和（第1弾）２０１３年4月4日：マネタリーベースを年間約60～70兆円増加させる＝国債購入、ＥＴＦ購入（年間1兆円）、J-REIT（日本版不動産投資信託）購入（年間３００億円）

■異次元緩和（第2弾）２０１４年10月31日：マネタリーベースを年間約80兆円（約10～20兆円追加）増加させる＝国債購入、ＥＴＦ購入（年間3兆円）、J-REIT購入（年間９０0億円）

■異次元緩和（第3弾）２０１６年1月29日：マイナス金利導入。日銀当座預金を3段階に分け、階層に応じてプラス金利、ゼロ金利、マイナス金利を適用

■異次元緩和（第4弾）２０１６年7月29日：ＥＴＦ購入の増額（年間約6兆円）

消費が落ち込むなかでの消費税増税

２０１７年1月4日、全国銀行協会が開く毎年恒例の賀詞交換会で、麻生太郎財務・金融相は、「金貸しが金を貸さないでどう商売するのか」と発言し、銀行に積極的な融資を促しました。また、「目利き」が大切と訴え、いまの銀行には目利きがいないと続けたのです。

しかし、麻生大臣が言うようなことを積極的に行ったら、多くの銀行が潰れてしまうでしょう。

日本企業の9割以上が中小企業。この中小企業がもっとも苦しんでいるのが消費税の支払いで、あらゆる税金のうちで滞納がダントツに多いのが消費税なのです。

それにもかかわらず、２０１４年4月に消費税が5％から8％に引き上げられたわけですから、結果は明らかでした。消費税の増税前、多くの専門家やメディアは、「影響はたいしたことはない」と言っていました。しかし、そうではなかったことは、いまとなれば明白です。

実際、２０１３年に増税前の駆け込み需要で前年比1％のプラスを記録した以外は、日本の家計の実質消費支出は消費税の増税前からマイナスを記録していました（実質とは、

［図表6］日本の家計調査（2人以上の世帯）2017年1月分速報

	年平均（前年比%）			月次（前年同月比%）［　］内は前月比（季節調整値）			
	2014年	2015年	2016年	2016年10月	11月	12月	2017年1月
【2人以上の世帯】消費支出（実質）	▲2.9	▲2.3	▲1.7	▲0.4 ［▲1.0］	▲1.5 ［▲0.6］	▲0.3 ［▲0.6］	▲1.2 ［0.5］
消費支出（実質）（除く住居等※）	▲2.5	▲2.0	▲1.2	▲0.1 ［▲1.5］	▲1.9 ［▲0.7］	▲1.5 ［▲2.1］	0.3 ［3.2］
【勤労者世帯】実収入（名目、< >内は実質）	▲0.7 <▲3.9>	1.1 <0.1>	0.2 <0.3>	0.1 <▲0.1>	1.6 <1.0>	2.7 <2.3>	1.6 <1.0>

※「住居」のほか、「自動車等購入」、「贈与金」、「仕送り金」を除いている。また、実質化には消費者物価指数（持家の帰属家賃を除く総合）を用いた。以下同じ。

名目から物価上昇率を引いたもので、商品の数量消費を示します）。

上の［図表6］は、総務省統計局の「家計調査」です。これを見ると、２人以上の世帯の実質消費は２０１４年、増税後の落ち込みからマイナス２・９％となり、翌２０１５年も落ち込んだままマイナス２・３％を記録しています。

これは、消費税の３％分物価が上がったために、家計がその分の商品購入数を減らし続けたことを示しています。

さらに、２０１６年も家計の消費はマイナスを続けました。これを消費不況と呼ばずになんと呼べばいいのでしょうか？

アベノミクスは完全に機能していなかったというより、初めから幻想にすぎなかったと言うほかありません。

消費税を上げるための3つの理由

それでは、なぜこれほど家計にダメージを与える消費税の増税をしなければならなかったのでしょうか。じつは、政府が財政状況の悪化を増税で穴埋めしようとする限り、消費税率はまだまだ上がる可能性があるのです。

それまで5％だった消費税率を２０１４年4月に8％、２０１５年10月に10％へと引き上げる案が決まったのは、２０１２年8月のことでした。

当時、自らを〝ドジョウ〟と称した野田佳彦首相が、民主・自民・公明の3党合意の下に、増税法案を成立させました。この首相は「政治生命を賭ける」と繰り返し、その決意を国会で表明したのです。そして、法案成立後に〝自爆〟とも言える解散総選挙をやったのですから、完璧に国民を馬鹿にしていました。

しかも、引き上げは2段階のうえ、景気条項まで付けていたのですから、「政治生命を賭ける」とは呆れた言い草でした。

いずれにせよ、こうして消費税増税は決まりましたが、前記したようにこれは経過措置であり、10％の先には15％、20％まであると、当時からメディアも専門家も言っています。

実際のところ、政府の税制調査会では、毎年のように消費税増税の議論が行われていますが、ここで減税を主張した委員はほぼいません。税調は学者や専門家など約20人で構成されていますが、消費税に関しては常に「増税ありき」で議論されるのです。

たとえば、消費税の再増税を翌年に控えた2015年には、消費税引き上げ時の「軽減税率導入」（食料品など生活に大きな影響を与える品目の税率を軽くすること）が議論されましたが、増税延期はほとんど議論されていません。

これは、8％への増税を翌年に控えた2013年の税調でも同じでした。このときは、軽減税率導入を「消費税率10％時に導入する」と大綱に明記することで決着しています。要するに、税調は増税諮問機関なのです。

消費税増税路線は財務省の既定路線であり、税調にはこの既定路線に沿った委員しか集められていません。

それでは、財務省および税調は、増税をどのように考えているのか。整理してみると、次の3点に集約できます。

（1）社会保障費の増加に伴う財源を確保するため（毎年約1兆円規模で増加する年金、医療、

福祉などの費用をまかなうために増税が必要）

（2）財政破綻が懸念される政府財政を救うため（膨れ上がる政府債務の利払い費を確保しないと、財政の信認が揺らぎ国債暴落からインフレが起こる。それを防ぐために増税が必要）

（3）世界の税制は間接税である付加価値税が主流なので日本もそれにならうべき（欧州諸国は、所得税・法人税などの直接税中心の税制から付加価値税中心の税制になっている。日本の税制も早急に転換し、欧州諸国並みの税率にすべき）

どれも、なるほどと思ってしまう理屈です。しかし、ここにはある視点が欠けています。日本政府には「倹約する」「経費を削減する」という考えがほとんどないのです。支出が増えるのだから、その分を増税してまかなう。つまり、国民に負担させるという考えばかりで、どんどん膨らんでいく支出を抑制しようという発想がまったく見受けられないのです。

2012年にアベノミクスが始まってからも、日本政府の一般会計予算は拡大を続け、毎年、〝過去最大規模〟の予算が組まれています。

2017年度（平成29年度）予算はなんと約97兆4500億円と100兆円に迫り、これに対して税収は約57兆7000億円しかありません。

つまり、約40兆円が借金です。ここで言う借金とは国債のことであり、これは私たちの税金で償還されます。ということは、国債発行は増税と同じということです。消費税などよりはるかに大規模な増税が、毎年行われていると考えていいわけです。

まさかと思われるかもしれませんが、これは本当です。あのアダム・スミスは『国富論』のなかで、「国債は税金手形だ」と述べています。つまり、国債は「隠れ増税」の典型なのです。しかし、メディアはこの重要なことをほとんど伝えません。

間接税は直接税より取りやすい

増税して「大きな政府」を続けていくというのが、官僚主導の日本政府の在り方です。そして、消費税というのは、そういう政府にとって、もっとも上げたい税金なのです。これはなぜでしょうか？

よく知られているように、税金には税金の負担者と納付者が一致する「直接税」と、税金の負担者と納付者が異なる「間接税」があります。

直接税の代表が法人税や所得税で、相続税や固定資産税などもこれに当たります。これに対して、間接税の代表が消費税です。酒税やたばこ税、揮発油税、印紙税などもこれに当たります。

それでは、直接税と間接税のどちらを上げた方が、政府にとって都合がいいのでしょうか。

財務省のウェブサイトには「消費税引き上げの理由」という項目があり、「なぜ所得税や法人税ではなく、消費税の引上げを行うのでしょうか？」という問いに対して、次のような回答が用意されています。

《今後、少子高齢化により、現役世代が急なスピードで減っていく一方で、高齢者は増えていきます。社会保険料など、現役世代の負担が既に年々高まりつつある中で、社会保障財源のために所得税や法人税の引上げを行えば、一層現役世代に負担が集中することとなります。特定の者に負担が集中せず、高齢者を含めて国民全体で広く負担する消費税が、高齢化社会における社会保障の財源にふさわしいと考えられます。》

《また、ここ10年くらいで見ると、所得税や法人税の税収は不景気のときに減少していますが、消費税は毎年10兆円程度（注）の税収が続いており、税収が経済動向に左右されに

く安定した税と言えます。〈注〉地方消費税を除く4％分》

この回答はもっともですが、もっとはっきり言えば、消費税のような間接税の方が直接税より取りやすいからです。所得税や法人税を上げると、それだけで生活に困る人間が出たり、赤字になる企業が出たりします。

また、所得税なら所得額に比例して税率を決めたり、各種控除を用意したりしなければなりません。しかも、それでも増税効果（税収）はそれほどないのです。

ところが消費税は、国民のほぼすべての人に払わせることができます。しかも、税率は一定ですから、お金持ちも低所得者も、モノを買えば同じ率の税金を払うことになります。取りやすいうえに、確実に税収を確保できるという点で、財務省ウェブサイトの次の答えは本音丸出しです。

《消費税は毎年10兆円程度の税収が続いており、税収が経済動向に左右されにくく安定した税と言えます。》

もう十分に高い日本の消費税の税率

しかしなぜ、こんな徴税側（役人）の理由に私たちは付き合わなければいけないのか？
それにしたがって、５％→８％→10％と、増税を受け入れていかなければならないのか？
消費税には、低所得者ほど負担が厳しいという現実があります。たとえば１万円のモノを買った場合、消費税が10％だと仮定すると１０００円を支払います。しかしながら、お金持ちの１０００円と低所得者の１０００円では、所得全体に占める割合がまったく異なるのです。

お金持ちの１０００円はたいした負担ではないでしょうが、低所得者の１０００円は大きな負担。これを消費税の「逆進性」と言い、消費税というのはじつはそれほど平等ではないのです。この点について、財務省のウェブサイトは答えていません。

消費税増税の理由として、もう一つ、財務省などが挙げてきたことがあります。それは、「日本の消費税の税率は欧州諸国に比べてまだまだ低い。だから増税の余地がある」というものです。

しかし、これも真っ赤なウソです。「はじめに」でも述べたように、日本の潜在国民負担率はすでに５割を超えており、欧州諸国と遜色ないからです。

たしかに、欧州諸国の付加価値税は高率です。もっとも高いハンガリーで27％、次いでアイスランドが25・5％、クロアチア、スウェーデン、デンマーク、ノルウェーが同率で25％となっています。さらに、イギリスとフランス20％、ドイツ19％ですから、日本の8％に比べれば高いのは間違いありません。

しかし、欧州諸国は食料品など生活必需品には軽減税率を導入し、税率を低く抑えています。たとえばイギリスでは食料品、医薬品などの税率はゼロで、フランスも医薬品は税率2・1％。アイルランド、オーストラリアなども食料品の税率はゼロです。

ということは、もし軽減税率が導入されなければ、日本の消費税率はもう十分に高いのです。

消費税の増税は消費の低迷（不況）を招く

一般的に、増税すれば税収は増えます。消費税の場合、1％のアップで約2兆円増えると試算されてきました。つまり、2014年の5％→8％の3％の増税は、少なくとも6兆円の税収アップの効果があったことになります。

そこで、2013年度以降の消費税の税収と2013年度の消費税の税収を比較してみると、たしかに毎年約6兆円アップしています。2013年度が10・8兆円なのに対して

[図表7]一般会計税収と消費税税収の推移

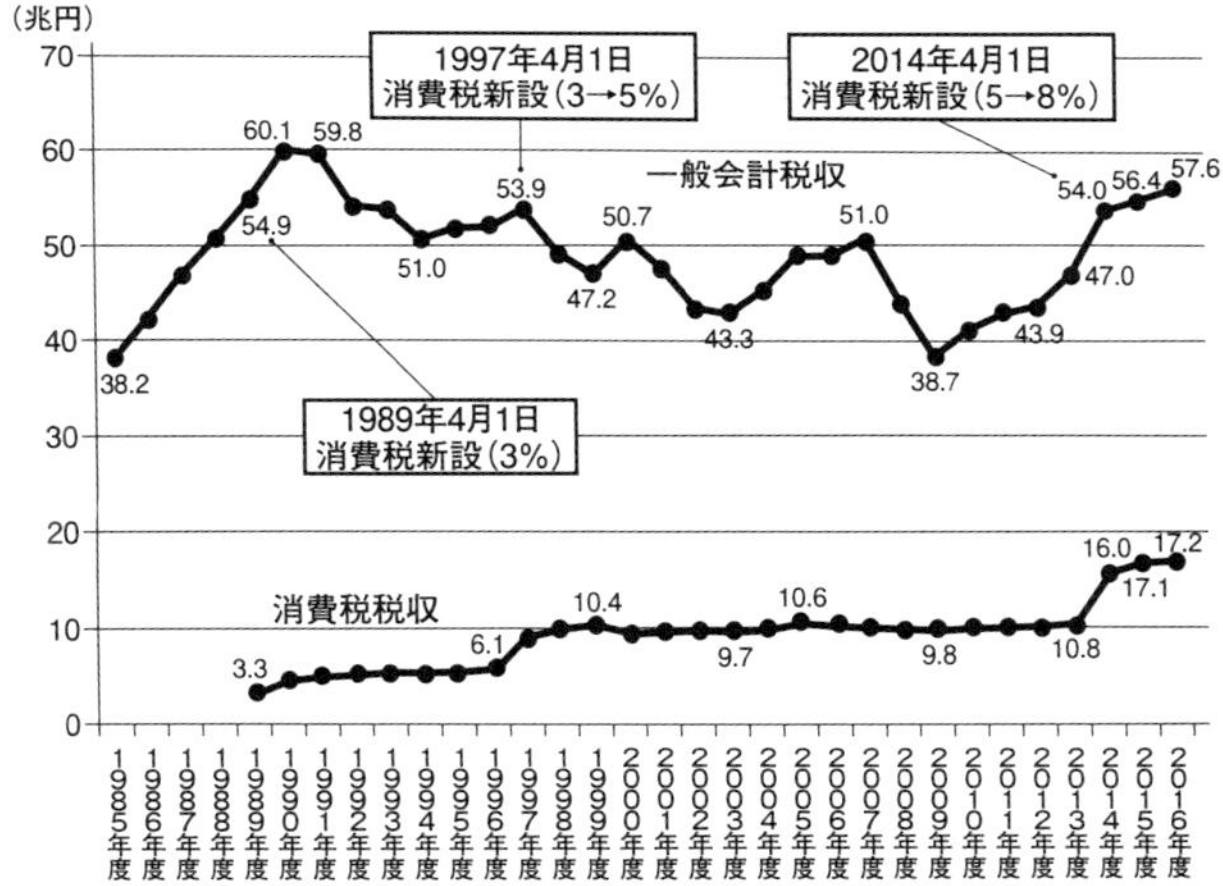

出典：財務省の統計資料より作成

２０１４年度は16・０兆円、２０１５年度は17・１兆円、２０１６年度は17・２兆円となっているからです。

上の［図表７］は、一般会計税収と消費税税収の推移をグラフ化したものです。このグラフでわかるのは、一般会計税収は景気の動向により大きく変動するのに、消費税の税収はほぼ横ばいで、毎年、同じ額を記録しているということです。

つまり、いったん税率を上げてしまえば、その分の税収は確保できるということです。ただし、グラフが示すように、消費税の新設あるいは増税後は、一般会計税収は増加するもののすぐに失速しています。

1989年、バブル最後の年に消費税が新設され、税率3%で導入されました。その結果、この年と翌年の1990年の税収は上がりましたが、翌々年度からは失速しています。これは、バブル崩壊に加えて消費税の導入によって消費が低迷したからです。

以後、日本は長期不況に陥ってしまいました。1997年、消費税は3%から5%に引き上げられました。このときも、その年度の税収は上がりましたが、翌1998年度にすぐに失速しています。

これはじつに単純なパターンです。「消費税を上げると1~2年は税収が上がるが、その後はじわじわと下がる」ということが、何度も繰り返されてきたわけです。

それにもかかわらず、安倍政権は2014年の消費税増税を実行したわけです。このとき財務省は、「消費税を引き上げても堅調に税収が増える」とし、2016年度の税収も前年度から2・3%増えると試算して、「増税しても問題ない」としました。

また、多くのメディア、エコノミスト、評論家もそう言って、増税を支持したのですから、いま思うと信じられません。

安倍政権が発足した2012年度の一般会計税収は43・9兆円でした。それが、2014年4月の消費税の増税もあって、年々伸び続けました。そのため、安倍政権はこれを

「アベノミクスの効果」としたのです。しかし、そんな効果などなかったことは明白です。

その結果、これまでのパターン通りに税収の失速がやってきました。２０１６年12月、財務省は２０１６年度（平成28年度）の一般会計税収の見積もり57兆６０００億円の下方修正を発表しました。その下振れは約１・９兆円で、これは7年ぶりのことだと言うのです。

このようなことから、２０１９年10月に延期された増税は当然やめるべきで、さらに、現行の８％から５％に戻すべきでしょう。そのような大胆な規制緩和を行い、大幅な歳出削減と公務員リストラをやる。こうして「小さな政府」をつくるべきです。

むしろ、日本政府の場合、税収が減った分を増税によって穴埋めしようとするでしょう。国民の抵抗がない限り、政府はけっして増税を止めようとはしません。

次章からは、さらに税金の実態を見ていきます。

第2章　給与所得者は惜しみなく奪われる

税制が「同一労働同一賃金」を阻む

安倍晋三首相は「働き方改革」の目玉として「同一労働同一賃金」を提唱してきました。これを実現させて、「1億総活躍社会」をつくろうというのです。

1億総活躍社会と言えば聞こえはいいですが、実際は「一生働き続けて税金を払え」ということに他なりません。

安倍政権が同一労働同一賃金を打ち出した背景には、言うまでもなく、2015年の時点で4割を超えた非正規労働者の激増があります。いまの日本は、働く者が二つに分断された「分断社会」で、正社員と非正規社員（パート、アルバイト、契約、派遣など）の間には大きな給料・待遇の格差があります。これを放っておくわけにはいかないというわけです。

しかし、同一労働同一賃金は、実現しそうにありません。「同じ仕事をすれば同じ賃金を払うべきだ」という、どこから見ても当然かつ公平なルールなのに、それを実現しようとすると大きな壁が立ちはだかるからです。

その壁とは、日本的な労働慣行とそれを支える税制です。終身雇用、年功序列という日本的労働慣行は廃《すた》れつつあるとはいえ、まだ正社員雇用では生き残っています。また、公務員はこの労働慣行によって民間以上に守られています。お役所自体が、日本的労働慣行を守っているのですから、民間が変わるわけがありません。

日本的労働慣行の大きな特徴は、終身雇用、年功序列とそれを支える賃金体系です。端的に言うと、日本では給料は「仕事」（能力、スキル、実績）に対して支払われるのではなく、「身分」（役職）と「年齢」（勤続年数）に対して支払われるということです。この結果、正社員には、同一労働同一賃金が成り立たないのです。

そして、こうした日本的労働慣行を、日本独特の「源泉徴収制度」という徴税システムが支えています。前述したとおり、これは会社が税務署に代わって社員の所得税などを徴収するという徴税側にとって非常に便利な制度ですから、これを止めるわけがないのです。

もし政府が本気で同一労働同一賃金を実現しようとするなら、正社員という既得権者の賃金を引き下げてもいいという法律をつくるしかありません。また、税制の大幅な改正が必要になります。

しかし、労働組合が正社員の賃金引き下げを受け入れることはないでしょう。そのため、政府内の労働問題の検討会で配布される資料には、「有利な取り扱いを受けている人の処遇を引き下げて対処することは許されない」旨の記述があります。これを書いているのは、言うまでもなく〝最大の既得権者〟である役人です。さらに、源泉徴収制度を運用しているのも役人です。

かくして、日本で働く人々約6400万人の9割近くを占める雇用者約5400万人は、「給与所得者」という名の「納税マシーン」となっているのです。

この現実を踏まえて、この章では、給与所得者が納める税金が年々増税されていくことについて考えます。なお、ここまであえてサラリーマン、OLという言葉を使わないできました。それは、税金面から見ると、そういうカテゴリーがないからです。

給与所得者とは、働いて給与をもらっている人の総称です。したがって、役員、正社員、アルバイト、パート、契約、派遣などの労働契約の違いにかかわらず、働いて給与をもらう人は誰もが、税金の扱いにおいては「給与所得者」になります。ちなみに所得税法では、給与所得とは「俸給、給料、賃金、歳費及び賞与並びにこれらの性質を有する給与に係る所得」となっています。

納税意識を持たせない仕組み

働いて給与をもらっている人は、その給与から各種の税金を払うことになります。そのなかでいきなり直接的に取られるのが所得税と住民税です。サラリーマン、ＯＬ（正社員）の場合、これは源泉徴収制度により、有無を言わさず給料から天引きされてしまいます。

パート、バイト、契約、派遣などの非正規社員の場合は、他の収入がある人もいるので、納税は確定申告になる場合が多くなりますが、やはり、確実に徴税されることには変わりがありません。

そこで、税金を取る側から、こうした給与所得者を見てみましょう。税務官僚の最大の仕事は、いかに効率よく確実に、法にのっとって税金を取るかです。とすると、サラリーマン、ＯＬほど税金を取りやすい人々はいません。勤めている会社によって、所得を確実に把握できるからです。

所得を確定できなければ税額を決めることはできず、税金を取ることもできません。

税金の話でよく聞く言葉に、「クロヨン（九六四）」や「トーゴーサン（十五三）」があります。これは、サラリーマンの所得がほぼ１００％捕捉されているのに対して、自営業者は六か五、農林水産業者は四か三くらいしか捕捉されていないことを指しています。

つまり、税務当局から見れば、サラリーマンは国民のうちでもっとも税金が取りやすいということになるわけです。

[図表8]源泉徴収制度の適用対象一覧

源泉徴収の対象範囲			
支払先	支払内容	具体例	支払者
個人	給与	給与や賞与	全ての者（一定の個人を除く）
	報酬	・原稿料、デザイン料、講演料等の報酬 ・弁護士、会計士、税理士、社労士等への報酬 ・外交員、集金人、検針人、プロスポーツ選手等への報酬 ・演出家、芸能人への報酬 ・ホステスへの報酬	
	その他	利子・配当、退職金、年金	
法人	利子・配当		
海外居住者（外国法人）	利子・配当		

サラリーマンの「ほぼ100％徴税」を実現させているのが、すでに述べてきた源泉徴収制度です。源泉徴収制度を詳しく説明すると、給与や報酬などを支払う際に、支払う側が税金を差し引いて受け取る側に支払い、差し引いた分の税金を税務署に納付するという制度です。

給与のほか、利子、配当、税理士報酬などにも適用されるので、なにもサラリーマンだけの話ではありません。ただ、サラリーマンの場合、給与の支払い者は会社ですから、会社が税務署の代行をしているようなものです。

なお、上の［図表8］は、源泉徴収制度が適用される対象の一覧表です。ここにある所得（給与など）に対し、それを支払う側はあらかじめ所得税を差し引いて支払うことになります。

ではいったいなぜ、こんな制度ができたのでしょうか？　話は戦前に遡って１９４０年、この制度はナチスドイツの制度にならって導入されています。戦前の日本の税制は、現在とは大きく異なり、サラリーマンには基本的に税金はかかりませんでした。法人税、所得税という区別すらなく、税金はまとめて会社が支払っていたのです。

しかし、軍費調達のために、特別税としてサラリーマンからも徴収することが決まり、ドイツの制度をそのまま模倣したというわけです。この制度は、国家から見ると税金を効率的に徴収できるスグレモノだったため、戦後も廃止されることなく、現在まで続いているのです。

では、今度は税金を取られる側から、この制度を見てみましょう。はっきり言って、サラリーマンから見たこの制度は最悪です。なぜなら、自身で納税するという手間が省ける代わりに、税金をなぜ払うのか、いくら払っているのか、をほとんど気にしなくなってしまうからです。

もしあなたがサラリーマンなら、毎月の給料からいくら所得税を納めているのか、すぐに答えられますか？

なぜ会社があなたの情報をほぼ把握するのか

世界の主な国では、給与所得者の最終的な納税は各個人が行うことになっています。これを「申告納税制度」と呼びます。じつは、日本もこの制度を導入しています。日本の所得税法には、所得者自身がその年度中に稼得した所得とそれに対する税額を計算し、これを自主的に申告・納税することが明記されています。

しかし、これは建前にすぎず、前述したように、日本独特の源泉徴収制度によって申告納税制度は骨抜きにされているのです。

源泉徴収制度は、アメリカ、イギリス、ドイツなどでも採用されていますが、その仕組みは日本とはかなり異なります。たとえばアメリカでは、連邦税、州税の両方が源泉徴収されます。会社は給与を支払う際に、源泉徴収の書類を提出することになっています。

ただし、こうして徴収された税金は自動的に還付されるわけではありません。連邦税の還付を受けるには、給与所得者はＩＲＳ（内国歳入庁）の「Form1040」という書類に必要事項を記入して確定申告しなければならないのです。州税も同じように、別の書類を提出する必要があります。

これに対して日本では、会社（給与支払者）が年末調整によって給与所得控除などの手続きを代行してくれます。要するに、サラリーマンの多くは確定申告をしないですむようになっているのです。日本の源泉徴収制度の下では、会社が税務署の出先機関になっています。

その結果、多くのサラリーマンは税に関して無関心な状態に置かれ、自分の納めた税金がどう使われるかということに無頓着になるのです。

そして、納税という義務のため、あなたの勤務先の会社と税務署は、あなたの個人情報のほぼすべてを把握しています。家族構成から妻のパート先、子供の進学先、あるいは離婚経験の有無など、ほぼすべての個人情報が、会社に筒抜けになっています。

このことについて、不思議だと思いませんか？　かつて源泉徴収制度の合憲性が争われたことがありましたが、最高裁はこの制度を合憲としています。

この制度により、多くの人々が、日頃から税金について考えないように仕向けられています。したがって、国家が着々と課税を強化していても、それに気付きません。

ここ数年で所得税の税率は引き上げられ、各種控除も縮小されてきました。しかし、この国では「納税者の反乱」のようなことは起こっていません。私たちは、文句を言わず、今日も税金を払い続けているのです。

実質賃金が大幅に低下

ここからは、給与所得者がどれほど所得税を納めているのか、またその所得税が増税され、どんどん重税化が進んでいることについて解説していきます。

その前に、私たちがもらう給与がいかに減り続けてきたかを見ておきましょう。

厚生労働省の勤労統計調査によると、2016年の実質賃金（名目賃金の伸びから物価変動の影響を差し引いたもの）は前年比0・7％増となり、5年ぶりのプラスを記録しました。そのため、メディアはこぞってこれを「朗報」として取り上げました。

しかし、よく考えればあまり喜ぶことはできません。なぜなら、これはあくまで前年比。2015年まで実質賃金は前年比でマイナスを続けてきており、それがやっとプラスに転じたにすぎないからです。

さらに、基本給に残業代、ボーナスなどを合わせた1人当たりの現金給与総額（名目賃金に相当）は0・5％増の31万5372円と発表されましたが、その増加分が基本給の押し上げではありません。現金給与総額のうち、基本給に当たる所定内給与はわずか0・5％増の24万4487円にすぎませんでした。

［図表9］実質賃金と名目賃金の推移（2010年～2015年）

	実質賃金	名目賃金	消費者物価指数
2010年	100	100	100
2011年	100.1	99.8	99.7
2012年	99.2	98.9	99.7
2013年	98.3	98.5	100.2
2014年	95.5	98.9	103.6
2015年	94.6	99.0	104.6

つまり、基本給ではなく、ボーナスなどの特別給与が伸びただけなのです。実際、ボーナスなど特別に支払われた給与は２・０％増の５万５６３７円でした。

このことから、企業は業績を上げても基本給では報いないという〝悲しい現実〟が明らかになります。しかも安倍政権になってからは、賃金のアップは政府の圧力で行われてきています。いわゆる「官製春闘」です。その結果として、一部大企業でわずかにベースアップが行われてきましたが、結局、実質賃金は上がらなかったのです。

この実質賃金の低下は、21世紀に入ってからずっと続いており、常態化しています。このような先進国は日本以外にありません。アメリカでは年間２、３％くらいの賃金増が続いており、これが10年間続けば賃金は20％～30％増加します。中国では、なんと年率10％ほども賃金増加を続けてきました。

上の**［図表９］**は、２０１０年から２０１５年まで６年間の実

［図表10］消費者物価指数と名目賃金、実質賃金の推移

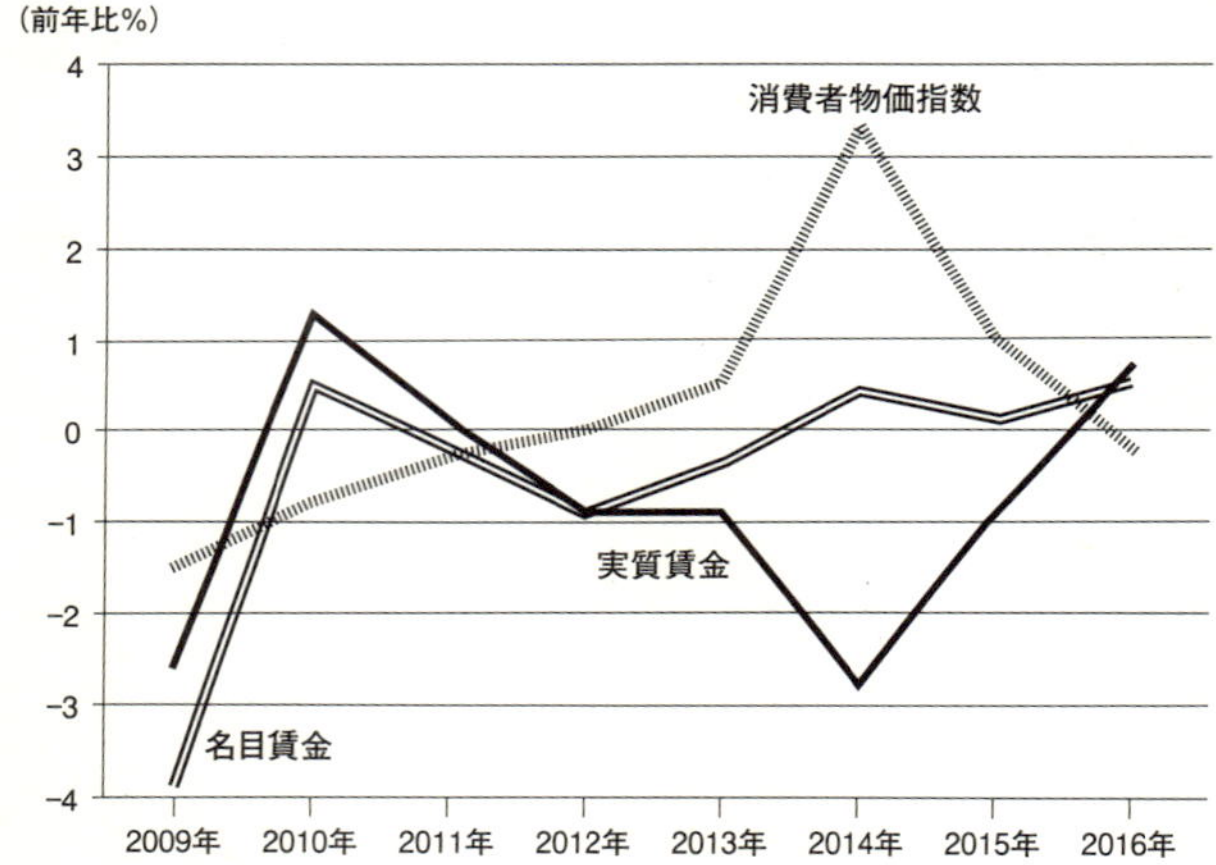

出典：厚生労働省資料より作成

質賃金と名目賃金の推移（２０１０年を１００とした場合）です。

アベノミクスが始まる前の２０１２年、名目賃金にあたる平均給与総額は98・９でした。２０１５年は99・０。つまり平均給与額は、アベノミクスの最初の３年間は、なんら変化がなく横ばいです。これに対して実質賃金は２０１２年が99・２だったにもかかわらず、２０１５年は94・６へと４・６％も減ってしまいました。

なぜ、実質賃金が減少を続けたのかといえば、消費者物価が上がったためです。たとえば、２０１４年は円安で１・６％、消費税増税で２％、合計３・６％も上がっています。２０１５年も円安効果のため、前年比で１％上がっています。これで名目賃金が横ばいなら、確実に家計の支出は増えることになります。生活は苦しくなるわけです。

【図表10】は、２０１４年に消費者物価指数と名目と実質の両賃金の推移を表したものです。これを見れば、消費税が増税されて、消費者物価指数が跳ね上がり、その結果、実質賃金が大きく落ち込んだことがわかります。

このような状況であるのに税金を上げることがどんなに過酷なことなのか、おわかりいただけるでしょう。さらに、政府は消費税を上げたうえに所得税も上げ、各種控除も縮小しています。そしてこの増税は、今後も続くのです。

サラリーマンの年収と給与所得控除の仕組み

ここで、サラリーマンに焦点を当てた増税を「サラリーマン増税」と呼ぶことにします。このサラリーマン増税の構想は、じつを言うと、もう10年以上前から始まっています。２００６年度の税制改正大綱で決められ、以来、政府税調の既定路線になっているのです。

サラリーマン増税でまず打ち出されたのが、「給与所得控除」の縮小です。給与所得控除とは、簡単に言うとサラリーマンの「必要経費」です。サラリーマンの場合は、年収１

000万円以下なら、収入の平均3割を必要経費とみなして税金が算出されるようになっています。つまり、収入の約7割を所得として、そこに税金をかける仕組みになっています。

一方、自営業者は原則として使った経費の領収書をもらい、帳簿につけ、確定申告しなければ、1円たりとも必要経費が認められません。そこで、サラリーマンだけに認めてきた、このような優遇措置を縮小し、少しでも税金を取ろうと国は考えたのです。

そしてまず狙われたのが、年収が高い「高給取りサラリーマン」でした。その第一弾は、2013年に実施された、給与所得1500万円超サラリーマンの給与所得控除に245万円という「上限」が設定されたことです。

そこで、ここで給与所得控除について、具体的に説明しておきます。まず知っておかなければならないのが、「収入」と「所得」の違いです。

これについては、自営業者から見てみましょう。自営業者の場合、たとえば売上が2000万円で、商品原価が800万円、家賃や光熱費等の経費が400万円かかったとすると、このときの収入は2000万円ですが、800万円+400万円=1200万円が必要経費となり、残りの800万円が所得ということになります。この所得に対して「所得

［図表11］サラリーマンの給与所得控除（2015年まで）

給与の収入金額		給与所得控除額
	180万円以下	収入金額×40% 65万円に満たない場合は65万円
180万円超	360万円以下	収入金額×30%＋18万円
360万円超	660万円以下	収入金額×20%＋54万円
660万円超	1,000万円以下	収入金額×10%＋120万円
1,000万円超	1,500万円以下	収入金額×5%＋170万円
	1,500万円超	245万円（上限）

出典：国税庁

税」がかけられるわけです（住民税も同様）。

これに対して、サラリーマンの所得とは給与所得ですから、次のような式が成り立ちます。

給与所得＝年収－給与所得控除（必要経費）

この式にある年収とは、勤務先から支払われた給与やボーナスの全額です。ここから、自営業者では必要経費とされる「給与所得控除」を引いたものが給与所得となるわけです。

それでは、給与所得控除とは具体的にどれくらいの額なのでしょうか？　上の**［図表11］**が、給与所得控除の年収別一覧表です。

ただし、これは2015年までの控除計算方式です。2016年からは、この図表にある「1000万円以上」が増税されることになった（控除額が縮小された）のです。

この増税についてはあとで説明するとして、その前に、この所得控除表を使って具体的な納税額を算出してみます。

【年収700万円サラリーマン：Xさんのケース】

Xさんは、図表にある「660万円超　1000万円以下」に該当するので、所得控除額は「700万円×10％」（＝70万円）＋120万円で190万円となります。つまり、Xさんの控除後の所得は700万円－190万円＝510万円です。

この510万円に対して所得税と住民税が課税されるわけですが、サラリーマンには、所得がいくらでも全員が平等に控除を受けられる「基礎控除」というものが用意されています。

この基礎控除の額は所得税と住民税で控除額が異なり、所得税に関しては38万円、住民税に関しては33万円となっています。

したがって、所得控除を差し引いたうえに、さらに基礎控除を差し引いた額が課税額となり、それに対して課税されます。それでは、Xさんが、どれくらい所得税と住民税を払わなければならないのかを計算してみましょう。

【年収700万円のXさんの所得税と住民税】

700万円－190万円（給与所得控除）＝510万円
所得税：510万円－38万円（基礎控除）＝472万円
住民税：510万円－33万円（基礎控除）＝477万円
↓所得税20％（控除額42万7500円）
↓住民税10％定率（＋均等割4000円）

★所得税＝472万円×20％－控除額＝94万4000円－42万7500円＝51万6500円

★住民税＝477万円×10％＝47万7000円（＋均等割4000円）

＊『所得税・住民税簡易計算機【給与所得用】』を用いて計算
http://www.zeikin5.com/calc/

この計算はあくまで目安ですが、年収700万円のXさんは、所得税・住民税合わせて約100万円を徴収されているわけです。

ただし、所得税・住民税の課税対象額の算出に際しては、基礎控除以外にも、社会保険料や、家族がいる場合は配偶者控除、扶養控除、医療費控除などがさらに加算されるので、実際にはもっと低くなります。

とはいえ、年収700万円の給与所得者で、年収の約7分の1を所得税と住民税でもっていかれるのはかなりの痛手です。なぜなら、払わなければいけない税金はまだまだあり、年金、健康保険、公共料金なども「隠れ税」だとすれば、平均的な日本人の暮らしにはゆとりなどないと言っていいでしょう。

ちなみに、ここで年収700万円としたのは、国税庁の「民間給与実態統計調査、2015年」の男性平均給与（45～49歳）が638万円だからです。年収700万円はそれよりやや高いですが、けっして楽な暮らしはできません。

つまり、この辺の所得層を増税すると反発が大きい。それで、給与所得控除は高給サラリーマンをターゲットにして実施されることになったのです。

いずれ「退職金」も大幅に課税される

前記した高額サラリーマンの所得控除の縮小は、具体的には次のようになりました。

＊2016年分から──年収1200万円超の場合、上限を230万円に引き下げ
＊2017年分から──年収1000万円超の場合、上限を220万円に引き下げ

要するに、「上限」を設定して、少しでも多く税金を取ろうというのです。こうして、現在では年収1000万円を超えると、控除額が一律220万円になってしまったのです。

財務省の試算によると、年収1500万円のサラリーマン（夫婦と子ども2人）の場合、税負担は以前に比べて2016年に7万円、2017年に11万円増えました。なお、年収1000万円超のサラリーマンは、全国で約172万人いるとされます。

次ページの**【図表12】**は、これまでの給与所得控除の縮小をグラフにしたものです。このイメージでいけば、政府はさらに年収のハードルを下げて、中間層サラリーマンまで狙ってくることは間違いないでしょう。「年収1000万円超」のハードルは、すぐにでも「年収800万円超」に下がる可能性があります。

さらに驚くのは、サラリーマンの最後の砦とも言うべき「退職金」もターゲットにされる可能性が高まっていることです。財務省内では、これまで何度も退職金に対する増税案

[図表12]給与所得控除の縮小(増税)のイメージ

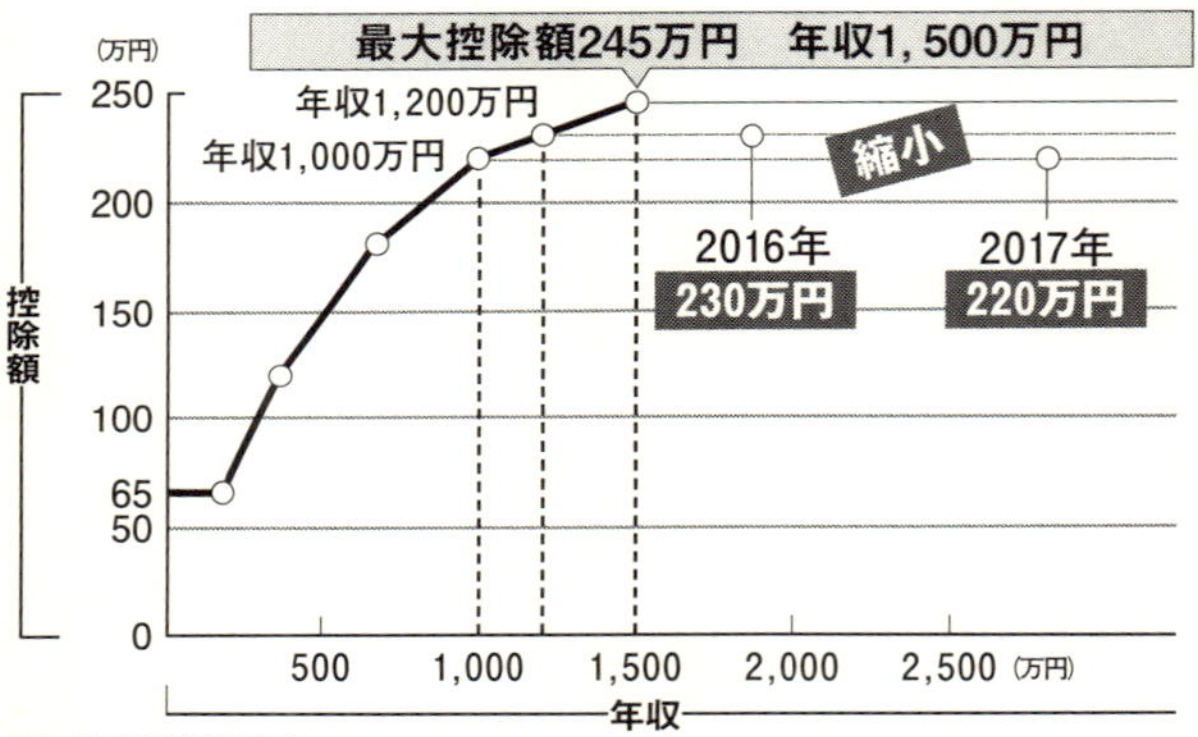

出典：財務省資料より作成

が検討されてきているからです。

サラリーマンの退職金は、勤続年数による特別控除額を差し引いた金額の半分に課税されることになっています。たとえば、退職金が２５００万円で勤続35年の場合、控除額は１８５０万円となり、課税対象額は３２５万円となります。

この場合の所得税率は10％なので、納付する所得税は32万５０００円です。ただし、これに住民税が加わり、およそ70万円を税務署に納めることになります。

ところが、この控除率を現行の3分の2にしてしまう案が浮上しているのです。こうすると、前記のケースでは課税対象額はいっぺんに６３３万円に増えて、納税額はなんと2倍近くに跳ね上がります。

この案が最初に浮上したのは、団塊世代の大量退職が始まった2007年でした。しかし、これを実施するとあまりに反発が大きいと財務省は断念しています。

ひと口に「控除」と言いますが、現在、実施されている控除は10種類以上もあり、いずれも見直し（すなわち縮小）の方向で検討されているのです。たとえば、2016年の税調では、財務省から19～22歳の子供を養う家庭の税負担を軽減する所得税の「特定扶養控除」の縮小が提案されました。

また、控除のなかには生命保険や個人年金の保険料を対象にした控除もあり、これらもみな縮小か廃止の方向で検討されています（年金に関しては、第4章で詳しく述べます）。

いずれにせよ、給与所得者への課税強化には終わりがありません。これでは、いくら給料が上がろうと、その分はすべて税金で持っていかれてしまうことになります。

給料そのものがもう上がることは期待できないのだとしたら、サラリーマン生活は苦しくなる一方でしょう。

日本人の給料は高いのか？　安いのか？

ここで、もっと大きい視点でサラリーマンの給与について見ていきたいと思います。もっと大きい視点というのは、日本のサラリーマンがもらう給与は、各国に比べて高いのか安いのかということです。

結論から言ってしまうと、日本人の給与は欧米先進国に比べて、はっきり安いと言えます。もちろん、国によって為替も物価も、それに労働制度も違うので、名目金額だけで一概に比較することはできません。ただし、そうしたことを差し引いても、日本のサラリーマンの給与は安いと言えます。

日本でも大企業の一般社員の場合は欧米企業とそう変わりませんが、管理職クラスになると圧倒的に低いのです。これは、日本企業の給与体系がアメリカ型の成果給、年俸制などになっていないこともありますが、それ以上に、日本がすでに20年以上にわたって低成長を続けてきていることが大きいのです。

これは、1人当たりのGDPで見ても明らかです。かつて世界のトップクラスだった1人当たりGDPは、いまやトップ20にも入らなくなってしまいました。日本の1人当たりGDPは2015年時点で3万6230ドル。

これはOECD加盟国34カ国中20位で、後ろから数えたほうが早いのです。生産性で見ても、日本企業の生産性は1990年にはOECD国中10位でしたが、いまや22位にまで

［図表13］平均給与（年収）の推移

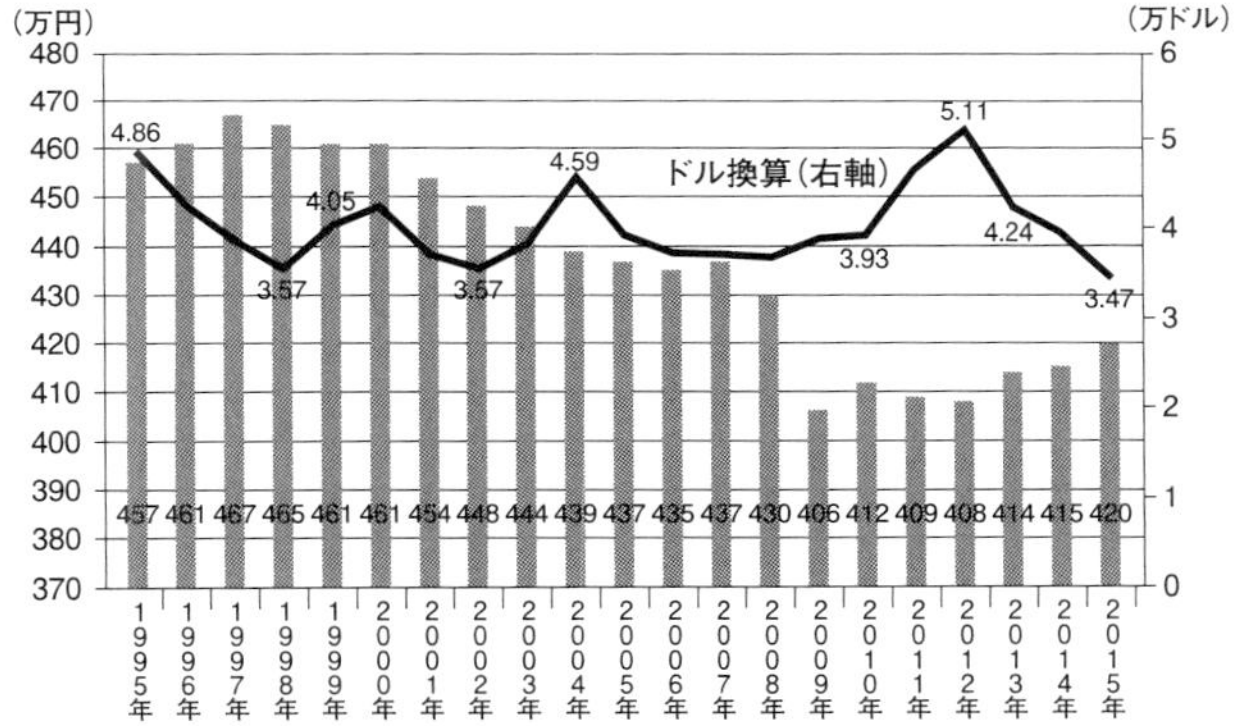

※ドル換算はその年のドル／円の平均値を採用
出典：国税庁民間給与実態統計調査から作成

後退しています。景気が低迷するなかで、非効率な働き方をだらだらと続け、その結果、給料も毎年のように下がってきたというのが日本のサラリーマンなのです。

先に実質賃金について見ましたが、上の【図表13】は、日本人の平均給与の推移グラフです。これは国税庁が毎年調査しているもので、民間企業に勤める会社員やパート従業員などが1年間に受け取った給与の平均（年収）です。

これに、ドル換算した折れ線グラフを加えて1999年以降を見てみると、どちらも下がり続けてきたことがわかります。このグローバル経済の時代、ドル換算したほうが実態を表していると言えます。とすると、2013年から為替は円安が続いていますから、日本人の給料は大きく下がり続けています。結局、アベノミクスは日本人の給料を大きく下げてしまったのです。

そして、それに追い打ちをかけるように、消費税をはじめとする各種の増税が行われてきたのですから、働く者はまさに「踏んだり蹴ったり」でしょう。

給料は「身柄拘束料」あるいは「苦痛の慰謝料」

給与といえば、税金が差し引かれたあとの「手取り」が重要ですが、日本の所得税は、年収1800万円を超えると限界税率（課税所得に応じた適用税率）が急激に上がるように設計されています。

そのため、企業が管理職に高い給与を払おうとするインセンティブが働きません。とくに、給与所得が年間3000万円を超えると、住民税を合わせて半分くらいは税務署に持っていかれてしまいます。そのため、会社は給料ではなく、その分経費を使わせるようにします。

しかし、経費では家計は潤いません。そればかりか、サラリーマンはますます会社人間化してしまうのです。

経済学者の竹内靖雄氏は、著書『「日本」の終わり――「日本型社会主義」との決別』（日

本経済新聞社、１９９８年）で、次のように述べています。

《サラリーマンの給料は、労働やサービスや仕事の対価ではなく、「身柄拘束料」であり、「いやなことをさせられる苦痛の慰謝料」である》

まさに、その通りではないでしょうか。

サラリーマンは、源泉徴収制度の下で、「身柄拘束料」あるいは「苦痛の慰謝料」としての給料をもらい、税金は知らないうちに「雇用税」として会社を通して国家に持って行かれているのです。

安倍総理がどんなに「働き方改革」を叫ぼうと、税制を変えて重税を止めない限り、給与所得者は「納税奴隷」のままです。

第3章　超・重税国家へのロードマップ

アベノミクスは「増税ミクス」だった

２０１２年12月、第二次安倍内閣で始まったのが、言うまでもなく「アベノミクス」ですが、それと同時に始まったと言えるのが、徹底した「増税」です。

いまの日本では、毎年増税が行われています。アベノミクスより、こちらの方が確実に私たちの生活を変えてきています。

もはや、毎年の税制改正は「年中行事」と言っても過言ではありません。

税制改正という言葉はいまや増税と同義ですが、その原案は財務省がつくります。そして、政府の税調（税制調査会）と官邸で揉まれ、12月末に「税制改正大綱」ができ上がります。これができてしまうと、あとはほぼ自動的に改正は決まります。明けて1月、内閣が法律案要綱を閣議決定すると正式な法案となり、国会に提出されて3月末までに成立します。こうして、４月１日の新年度から新しい税制がスタートすることになるわけです。

この間、国民の声が直接、政治に届くことはありません。増税を望む国民などほぼ１人もいないと思いますが、これが現実です。もちろん、選挙目当てで減税を訴えることは政治家として最低の行為ですが、官僚が決めた増税をそのまま通してしまう政治家もまた最低でしょう。

しかし、私たちは毎回そういう政治家を選び、自分で自分の首を絞めているのです。

２０１７年もまた、前年暮れにでき上がった「平成29年度税制改正大綱」に沿って改正法案がまとめられ、閣議決定を経て3月の通常国会で成立しました。

そこで、この最新の改正の中身を見ることから、今後ずっと続く増税について見ていくことにします。

２０１７年の税制改正（増税）の主なポイント

２０１７年の税制改正の主なポイントは、次の４点でした。

（１）配偶者控除の見直し
（２）ビール系飲料の税率の一本化
（３）エコカー減税の延長および対象車の絞り込み
（４）タワーマンション高層階課税の強化

この4点とも「見直し（改正）」ですが、いずれも「増税」です。（１）に関しては、こ

[図表14]2017年度税制改正の主な項目一覧

個人向け	所得税	配偶者控除の年収制限を「150 万円以下」へ引き上げ。年収 1,120 万円超の世帯主に所得制限	↑↓
	酒税	ビール類の税率を平成 38 年 10 月に全て 350 ミリリットル当たり 54.25 円に。日本酒とワイン、チューハイも統一	↑↓
	エコカー減税	対象車を絞り込んで 2 年延長。自動車取得税は燃費基準を 2 段階で厳しくして新車の 7 割（平成 30 年度）に	↑（増税）
	証券	少額投資非課税制度（NISA）に非課税期間 20 年、年間投資上限 40 万円の長期積立枠を新設	↓（減税）
	マンション課税	20 階建て以上のマンションを対象に高層階の固定資産税を増税、低層階は減税。40 階は 1 階より税額が 10% 高く	↑↓
	住宅	住宅リフォーム工事で所得税や固定資産税を減税する対象に耐久性を高める工事を追加	↓
企業向け	子育て	企業主導型保育所の固定資産税や都市計画税を半減	↓
	法人税	2% 以上賃上げした中小企業に給与総額増加分の 12% を減税	↓
		研究開発減税をサービス開発にも適用し、大企業の最大減税率を 14% に拡充	↓
		資本金 1 億円以下の中小企業でも大企業並みの所得を稼ぐ場合は中小優遇策の対象外に	↑
	税逃れ対策	日本企業が海外に設けたペーパー会社の所得に日本の税率を適用	↑

のあと詳述するので、（2）の「ビール系飲料の税率の一本化」から見ていきます。

　これは「ビール系飲料」（ビール、発泡酒、新ジャンル）の税率を2026年までの10年をかけて54・25円（350㎖缶あたり換算）に一本化するというもの。

　ビールの税率は現行77円ですから、引き下げのように見えます。しかし、発泡酒は現行で47円なので増税、新ジャンルは現在28円なので大増税です。消費量を考えれば、全体としては増税になるというわけです。

（3）の「エコカー減税の延長および対象車の絞り込み」ですが、エコカー減税を2年間延長する代わりに、燃費性能のハードルを厳しくしようというもの。現行では、約9割の新車がエコカー減税の対象になっていますが、２０１７年度は約8割、２０１８年度は約7割にまで絞り込まれるので、やはり増税です。

（4）の「タワーマンション高層階課税の強化」ですが、これは固定資産税の露骨な増税。タワーマンション（タワマン）といっても、これまでは専有面積が同じなら階が違っても納税額は変わりませんでした。しかし、高層階ほど販売価格が高いことに目をつけ、高さが60ｍを超える20階立て以上の建物に関しては、階が上がるごとに、わずかずつ税額が高くなるようにしたのです。

タワマンは、「節税」に使われるので、この件に関しては章を改めてまた説明します。

このような改正は毎年行われます。もちろん、減税もありますが、それは増税のための布石として行われるものがほとんどです。【図表14】は、２０１７年度の改正を一覧表にしたものです。

配偶者控除の「103万円の壁」がなくなった

それでは、前項で出た（1）の「配偶者控除の見直し」について見てみましょう。

第2章で給与所得控除について述べましたが、配偶者控除はいくつもある控除のうち、これまで手をつけられてこなかった控除の一つです。それは、これが日本人の働き方に合致していたためです。配偶者控除が創設されたのは1961年のことで、じつに半世紀も前になります。

この当時は、まだまだ女性の社会進出などありえないとされた時代です。だから、妻がパートなどで給与を得ている場合、「妻の年収が103万円以下」なら配偶者控除が適用され、妻は所得税の支払いを免除されるとしたのです。

つまり、「103万円までなら働いてかまいません。『内助の功』を大いに発揮してください。そこまでなら、夫に養われていることにしておきますが、それ以上稼ぐと税金をかけますよ」と国は決めたわけです。

この金額は、月にならすとだいたい8万5000円。つまり、働くなら、このくらいまでのパート労働に止めておいたほうがおトクだったわけです。これは「103万円の壁」

[図表15]配偶者控除の改定のイメージ

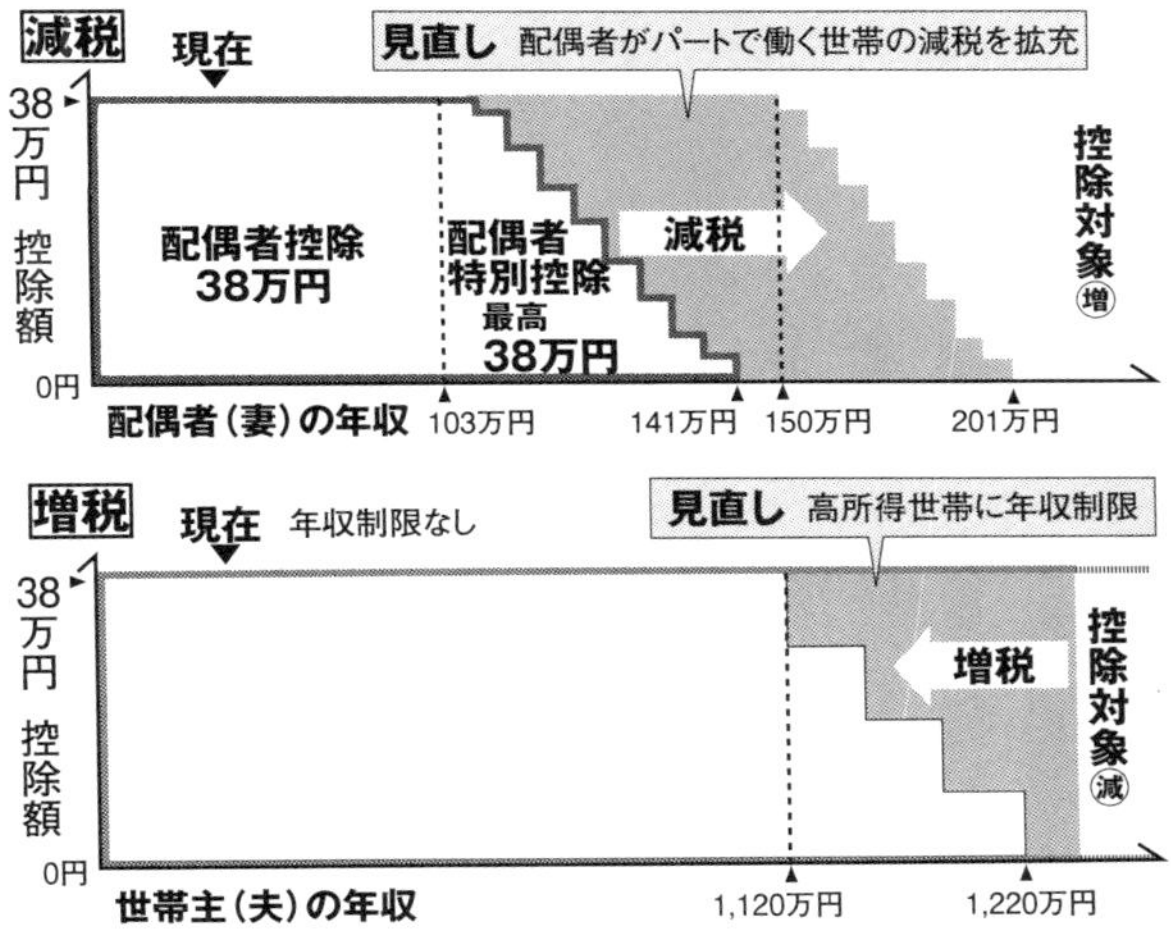

出典：国税庁の資料より作成

と言われてきました。

しかし今回の改正では、この壁が「150万円」に引き上げられ、夫の年収制限も設けられたのです。

上の【図表15】がそのイメージ図です。

これまでの配偶者控除額は、年収が103万円までなら38万円が控除されるというものでした。給与所得控除が最低65万円認められていたからです。つまり38万円＋65万円＝103万円というわけです。妻が103万円未満の収入なら、夫の課税対象所得から38万円が控除されました。

それでは、妻のパート年収が103万円を超えたらどうなっていたのでしょうか？

この場合は、141万円未満の場合まで、夫は「配偶者特別控除」を受けることができました。配偶者特別控除の金額は妻の所得に応じて38万円〜3万円。ただし、配偶者特別控除を受けるには、夫のその年における合計所得金額（年収）が1000万円以下というのが条件でした。また、配偶者控除のほうにはこの年収制限がありません。

しかし今回の改正では、妻の年収要件が150万円まで引き上げられ、夫の年収も1120万円という上限が設けられたのです。なお、所得税とともに住民税も同じような控除が受けられますが、ここまで住民税に関しては省略しています。

「配偶者控除」を廃して「夫婦控除」を創設

それでは、この配偶者控除の改定は増税なのでしょうか？　それとも減税なのでしょうか？

財務省の試算では、パートで働く妻のいる世帯の約300万世帯が減税になるそうです。ただし、夫の年収制限が導入されたため、夫の年収が1120万円超の約100万世帯では増税になるとされます。

つまり、年収によって痛み分けですが、今後、配偶者控除が撤廃されることは確実なので、その布石と考えれば、増税への第一歩だといえるでしょう。

所得税、住民税で年収の壁があるように、じつは健康保険と年金でも壁があります。こちらは、２０１６年10月までは「年収１３０万円の壁」とされてきました。

妻の年収が１３０万円を超えると、パートであっても社会保険に加入しなければならなくなるので、その支払いが発生するという問題です。こうなると、結果的にパート妻は夫の扶養家族から外れることになり、家計全体の収入が減ってしまうのです。

しかし、２０１６年10月１日から、次の４つの条件を満たす場合に、毎月収入が８万８０００円（年収１０５万６０００円）以上の妻は、夫の扶養扱いではなくなることになりました。つまり、「１３０万円の壁」は「１０６万円の壁」に変わったのです。

・従業員５０１人以上の企業で働いている
・残業を除いて週20時間以上働いている
・残業代を除き年収１０５万６０００円以上である
・勤続１年以上である

税金にせよ年金・保険にせよ、「壁」の存在は結果的に専業主婦を優遇することになり、女性の就業を阻害してきました。しかし、長引く経済停滞で、いまや日本の家庭は共稼ぎが主流になり、このような税制は時流に合わなくなっているのです。

しかも、安倍内閣が掲げる働き方改革の目玉である「同一労働同一賃金」に、まったくそぐいません。なぜなら、同一労働同一賃金であるなら、パートでもフルタイムの正社員と同じ仕事内容なら、同じ賃金を支払うことになるからです。

そこで、政府としては配偶者控除を改正するより、廃止したいのです。そうして壁がなくなれば、女性たちは壁を気にすることなく働かざるをえなくなり、その分、もっと税金を払ってくれることになるからです。

ただし、単に配偶者控除を廃止するだけでは、世論は激しく抵抗するでしょう。そこで、夫婦世帯に対しては一律の所得控除、あるいは税額控除を設けるという「夫婦控除」の創設が提案されています。これがいくらになるかは大きな問題ですが、その金額いかんで大幅な税収アップが望めるのは間違いありません。

どのような形であれ、「もっと取る」のが官僚たちの仕事なのです。

大増税時代は「復興増税」から始まった

このようにして、大増税時代はどんどん進んでいるわけですが、それでは、これまでいったいどんな増税が行われてきたのでしょうか。また、今後はどんな増税が待ち受けているのでしょうか。

２０１３年1月から始まった、「復興特別所得税」（復興増税）という税金があります。これは、東日本大震災の復興にあてるという名目で設けられました。全国民が等しく負担するということで、所得税額に２・１％が加算されています。

一例を挙げれば、所得税率が5％（課税対象が１９５万円以下）の人は０・１０５％（5％×２・１％）が加算され、５・１０５％となったのです。サラリーマンなら、毎月の給与に課税されています。ただし、かかるのは給与に対してだけではありません。ボーナスにも退職金にもかかりますし、株式の配当や預貯金の利子にもかかります。

株式の配当だと、それまでの10％の源泉徴収税率（住民税3％を除く所得税分に加算）が10・１４７％になり、２０１４年1月からは20・３１５％になりました（配当課税の特別措置10％が終わり20％課税に戻ったため）。これは預貯金も同じで、20％の源泉徴収税率（住民税5％を除く所得税分に加算）は20・315％になりました。

復興増税というのは一時的な措置です。しかし、その一時的な措置は25年間、2037年12月31日まで続きます。そしてそのときがきたとしても、元に戻されるかどうかはまったくわかりません。

2013年はアベノミクスが実質的に始まった年ですが、この年から大増税時代が始まったと言っても過言ではありません。

前記した復興税とともに、2013年1月から退職所得に対する住民税の10％控除が廃止されました。さらに、給与所得控除の上限も245万円に引き下げられ、年収で1500万円を超えるサラリーマンは給与所得控除の恩恵が制限されるようになったのです。

これらは控除の廃止ないし縮小ですから、「隠れ増税」だと言えるでしょう。ただし、隠れ増税はこれだけではありません。広い意味で税金（公的負担）と言える年金負担も増額されました。まず、4月に自営業者などが加入する国民年金保険料が原則280円上がり、10月には厚生年金保険料も年0・354％（労使折半）上がったのです。

この「2013年から2018年」までの増税（企業向けのものは除く）をカレンダー化したのが、次の【図表16】です。

[図表16]増税の種類とその内容(2013〜2018年)

年	月	負担増の種類	税率・金額など
2013年	1月	復興特別所得税スタート(〜2037年まで)	基準所得税額×2.1%
		給与所得控除の縮小	控除額上限は245万円に
		退職所得控除の住民税縮小	10%の税額控除廃止
	4月	国民年金保険料値上げ(〜2017年度)	原則月280円アップ
		新規契約分の生命保険料アップ	
	10月	厚生年金保険料値上げ(〜2017年度)	年0.354%アップ(労使折半)
		年金受給額減額	現行水準から1%減額
2014年	1月	証券優遇税制の廃止	税率20%+復興特別所得税へ
	4月	消費税増税	税率8%に
		国民年金保険料値上げ(〜2017年度)	原則月280円アップ
		高齢者(70歳〜75歳未満)健康保険料値上げ	自己負担2割に(2年延長予定)
		年金受給額減額	1%減額
	6月	復興特別住民税スタート	1,000円上乗せ(10年間)
	10月	厚生年金保険料値上げ(〜2017年度)	年0.354%アップ(労使折半)
2015年	1月	所得税増税	最高税率が45%にアップ
		相続税増税	基礎控除縮小と最高税率アップ
	4月	国民年金保険料値上げ(〜2017年度)	原則月280円アップ
		年金受給額減額	0.5%減額
		軽自動車税を引き上げ	7,200円が1万800円にアップ
	10月	消費税増税(2019年10月に延期)	税率10%に
		厚生年金保険料値上げ(〜2017年度)	年0.354%アップ(労使折半)
2016年	1月	温暖化税	年800円が1,200円にアップ
		マイナンバー制度運用開始	
		給与所得控除さらに縮小	年収1,200万円超で230万円
	3月	「財産債務調書」開始	財産3億円以上の場合
2017年	1月	給与所得控除の上限引き下げ	年収1,000万円超で220万円
		非上場株式の相続評価見直し	
		相続税・贈与税で非居住者の要件延長	5年→10年
	4月	タワーマンションの固定資産税増税	高層階ほど重く
		国民年金保険料値上げ	月額1万6,260円→1万6,490円
	6月	住民税の給与所得控除縮小	年収1,200万円超で上限230万円
	9月	厚生年金保険料引き上げ	18.182 %→18.3%以後固定
2018年	1月	配偶者控除の見直し	合計所得1,000万円超は非適用
		「保険契約者等の異動に関する調書」開始	
	4月	タックスヘイブン税制強化	ペーパーカンパニー課税
	6月	住民税の給与所得控除縮小	年収1,000万円超で上限220万円
	9月	CRS(共通報告基準)情報交換開始	海外課税強化

増税の当面のゴールは2019年の消費税増税

［図表16］のカレンダーの先にあるのが、延期された消費税の10％への引き上げです。2019年10月、はたしてこの増税は本当に実施されるのでしょうか？

現在、「政府広報オンライン」のウェブサイトでは、「平成31年10月から消費税の軽減税率制度が実施されます。～事業者の準備と支援～」というページが用意され、軽減税率が解説されています。

これは、消費税の引き上げの延期が改正法案で決まったとき、あわせて食品など一部の品目の税率を8％に据え置く「軽減税率」の導入も同時に決まったからです。

政府広報のウェブサイトでは、軽減税率の適用を《「酒類」と「外食」を除く飲食料品、定期購読契約が締結された週2回以上発行される新聞》としています。

軽減税率の導入は、一言で言えば低所得者対策です。消費税の増税は、モノやサービスの値段が上がるのと同じですから、とくに食料品や日常品に関して低所得層の負担が大きくなります。そこで、欧州諸国のように、食料品などに軽減税率を適用しようというのです。

しかし日本の場合、大きな矛盾点が二つあります。一つ目は、欧州諸国は食料品の税率をゼロ、もしくはかなり低く抑えているのに比べ、日本は8％以下にはならないということです。すでに8％になってしまっている以上、これを引き下げることはありえません。単に、次の増税を食料品などに適用しないというだけのことです。実際、8％というのは食料品の税率としては高すぎます。

二つ目は、じつは軽減税率は、本当の意味での低所得者対策にはならないということです。というのも、食料品に軽減税率を設けると、神戸牛やキャビアなどの高級食材にもそれが適用されます。すると、高額所得者ほどかえって負担軽減額が大きくなってしまうのです。これでは、逆進性対策として効果がないわけです。

そこで、高級食材や高級消費財には適用しないということも考えられますが、これにも問題があります。

かつて物品税という税金があり、これは主に自動車や貴金属などの高級ぜいたく品に課せられました。テレビも昔はその対象で、ぜいたく品とされていたのです。しかし、これは政府がなにがぜいたくで、なにがぜいたくではないかを決めるわけですから、国民の自由の侵害行為だと言えます。また、ぜいたくをする人間を罰するということにもつながります。

軽減税率を適用するかしないかは、この物品税の問題につながり、最終的には消費を落ち込ませ、経済を縮小させてしまいます。

２０１９年10月、消費税が10％になる日がやってきます。今度こそ実行に移されれば、これまで以上の駆け込み需要が起こり、翌２０２０年のオリンピックイヤーに消費は大きく落ち込む可能性があります。

第4章　すでに破綻している「年金」という税

「年金」は税金と同じようなもの

ここ十数年、国会でいちばん揉めてきたのは、「年金」に関することです。年金をめぐって、与野党は常に論争・攻防を繰り広げ、大臣のクビが飛び、選挙の結果も左右されてきました。

しかし、なに一つ解決されないばかりか、年金保険料は上がり、支給年齢も上がり、給付金はカットされ続けているなど、状況はどんどん悪化しています。

２０１６年11月29日、衆院本会議で「年金制度改革法案」が可決され、同年12月14日に成立しましたが、このときも政府・与党は「現役世代の負担を抑え、将来の年金の安定につながる」と主張し、民進党などの野党は「年金カット法案の強行採決だ！」と大揉めになりました。

いったい、なぜこうなるのでしょうか。

それは、そもそも制度自体の設計が間違っているからであり、国民全員が加入しなければならない「国民皆保険制度」という、まさに税金と同じ仕組みになっているからです。

もちろん、年金は税金というカテゴリーには入りません。しかし、その性質を考えると、事実上の税金だと言えるのです。

単純なことから言えば、一般サラリーマンの場合、年金は給料から天引きされています。これは所得税や住民税と同じで、強制的に徴収されているわけです。国民年金の場合も、住民税などの通知と同じように納入通知が世帯主に郵送されてくることを見れば、明らかに税金と同じ扱いになっています。

さらに、年金の財源には、現在、社会保険料と税負担の両方が充てられています。ということは、税金として徴収するのも、保険料として徴収するのも変わりがなく、その境界はまったく曖昧です。しかも、現在、全額税方式の採用が検討されているのですから、これはどう見ても税金なのです。

そして、もう一つ、年金が税金と変わらないことがあります。

ネズミ講とまったく同じシステム

日本の年金が税金と同じだというのは、それが「積立方式」ではなく「賦課方式」で運営されていることからも言えます。賦課方式というのは、現役世代が納めた保険料が、そのときの年金受給者への支払いに充てられるということ。つまり、税金と同じように徴収されて分配されるわけです。

この賦課方式、人口減社会では〝詐欺〟と言っていいシステムです。年金を払う世代が年々減っていけば、成り立たなくなってしまうことが明らかだからです。これを、以下のたとえ話で示してみます。

日本国民は20歳になると、国民年金に入らなければいけないことになっています。そしてその額は毎月1万6260円。そこで、あなたが年金係員として、20歳になった若者たちに「年金に加入しましょう」と勧めるとします。

すると、若者たちはまずこう聞いてくるのではないでしょうか。

「年金は、何歳になったらもらえるのですか?」

「45年後。あなたが65歳になったときです」

「えっ、45年も先なんですか?」

「そうです」

こう答えたものの、この先、支給年齢がさらに引き上げられて70歳になる可能性が濃厚です。とすると、なんと半世紀も先になりますが、そんなことはおくびにも出してはいけません。続いて、若者はこう聞いてくるでしょう。

「では、いったいいくらもらえるんですか?」

「現在、基礎年金は年間約60～70万円ですから、おそらく同額がもらえると思います」

はたして、これで年金に素直に加入する若者がどのくらいいるでしょうか？

まともな考えの持ち主なら、半世紀先の世界がいまとは大きく違っていることが容易に想像できます。半世紀先といえば、「シンギュラリティ」（Singularity：技術的特異点）以後の世界であり、そのとき人間はＡＩと合体するような進化（＝ポストヒューマン）を遂げているはずです。

ほとんどの仕事はＡＩ搭載のロボットがやるので、働く仕組みも経済の仕組みも大きく変わっているはずです。貨幣もすべてデータとなり、今のようなおカネが存在するかどうかもわかりません。

さらに、半世紀先の日本では、人口が大幅に減ることが確実視されています。国立社会保障・人口問題研究所の「日本の将来推計人口」によれば、日本の人口は２０４８年には１億人を割って９９１３万人、２０６０年には８６７４万人になると推計されているのです。

そんな世界で、まだ年金というシステムが存続しているでしょうか？

ところが、年金加入は国民の義務である以上、年金がどんなに大事な制度なのかを説明しなければなりません。「世代間の助け合いであり、若者はお年寄りの生活を支える義務がある」などと……。

しかし、普通の理解力を持っている若者なら、前記した人口推計をみれば、この制度が成り立たないのはすぐわかるはずです。

「年金制度は〝ネズミ講〟とまったく同じではないですか？　加入者が増えなければ維持できないのですから」

これに反論することはできません。つまり、そうした状況なのに強制的に国民からおカネを取るというのは、〝国家詐欺〟とさえ言えるのです。おそらく、近い将来のどこかで保険料を廃止し、給付を「全額税方式」にしなければ、年金制度は必ず破綻するでしょう。

2段構えの新ルールで行われる「年金減額」

話を戻して、先に2016年12月に「年金改革法案」が成立したと述べましたが、これでいったいなにが変わったのでしょうか。

ここからは、近未来の年金がどうなるか、という視点で年金について述べていきます。

野党は年金改革法案を「年金カット法案」と言いましたが、新聞など大メディアの多くは

[図表17]年金改革法案による年金減額のイメージ

実質賃金が上がり続け、経済成長率の実質0.4%のプラスが続くケース

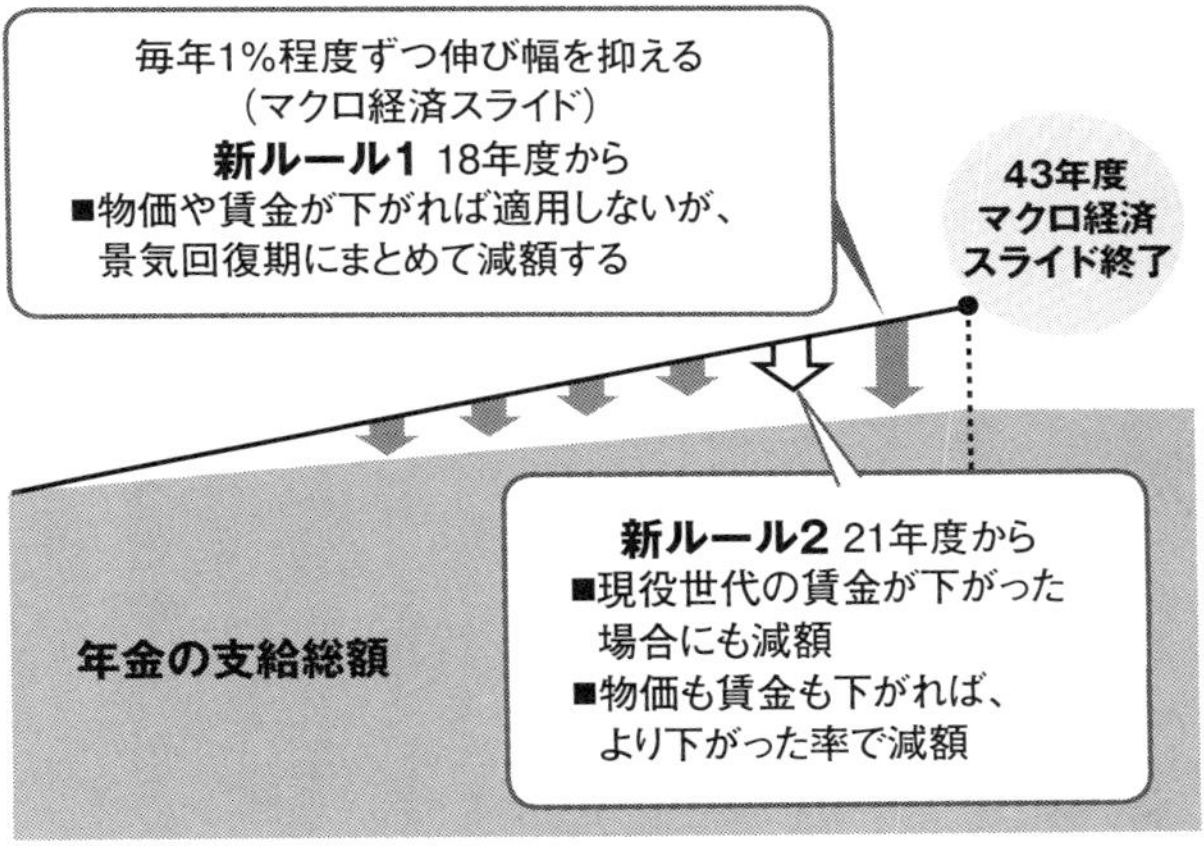

出典：「朝日新聞」記事（2016年11月26日）よりアレンジ

「年金安定へ支給抑制　改革法案が衆院通過」（日本経済新聞、2016年11月30日）などと、これが、年金の減額（＝一種の増税）である点をほとんど強調しませんでした。

上の【図表17】が年金改革法案による年金減額のイメージ図です。この新ルールは2段構えになっています。

まず、2018年4月に年金支給額の伸びを賃金や物価の上昇より抑える「マクロ経済スライド」を見直します。次に、2021年から「賃金の下げ幅に連動して支給額も下げる」という新ルールを適用します。

では、この2段階の新ルールでどれくらい年金が減額されるのでしょうか？　これは物価と賃金の動向次第ですが、消費税が

2019年10月に10%に引き上げられた場合、おそらく物価が1%程度上昇して実質賃金が低下すると考えられるので、1~2%減額されるのは確実でしょう。

それでは、もう少し踏み込んで、なぜこのような措置が取られ、それがどんな影響を及ぼすかを見ていきます。新ルールによる減額を理解するには、マクロ経済スライド制度をまず理解しなければなりません。

マクロ経済スライドで支給額が目減り

マクロ経済スライド制度をひと言で言うと、年金を支払うための年金保険料収入の上限を決め、そのパイのなかで年金の給付額を調整するというものです。なぜ、こんなことをしなければならなかったのかといえば、年々負担が増えて、年金財政が苦しくなってきたからです。

それまでは、物価や賃金が上がれば、原則としてそれに連動して年金給付額も上がる仕組みでした。しかし、これだと年金財政はやがて破綻します。そこで、ともかく上限を決めてしまったというわけです。

これは、年金制度のまさにパラダイムシフトとも言うべき大転換でした。

２００4年、厚生労働省は２１００年度までの年金財政の貸借対照表を試算し、「２１００年度までに必要となる年金給付額７４０兆円のうち、厚生年金で４３０兆円、国民年金でも50兆円の財源が不足している」と発表しました。そうして行われたのが、マクロ経済スライド制度を導入した年金の大改革です。

具体的には、保険料率（厚生年金の場合）を２０１7年まで段階的に引き上げて18・3％に固定し、まず１００年間の収入総額を決定しました。そして、これと１００年間の給付総額が必ず一致するように、受給者1人当たりの給付水準を自動的に調整していく仕組みにしたのです。

なぜ保険料が18・3％の固定になったかと言うと、「所得代替率」が50％を少し上回るからです。所得代替率というのは、現役世代の手取り所得（ボーナス込み）に対する年金額の比率のこと。年金は、引退後に支給される給料ととらえれば、現役時代の賃金の何割を受給できるかが非常に大事です。したがって、所得代替率は「将来の年金受給額÷現役時代の平均給料」という単純な計算式で求めることができ、政府が50％以上を最低基準としたのです。

厚労省では、「夫が平均的収入を得たサラリーマンで40年間厚生年金の保険料を納め、

[図表18]マクロ経済スライドの仕組み

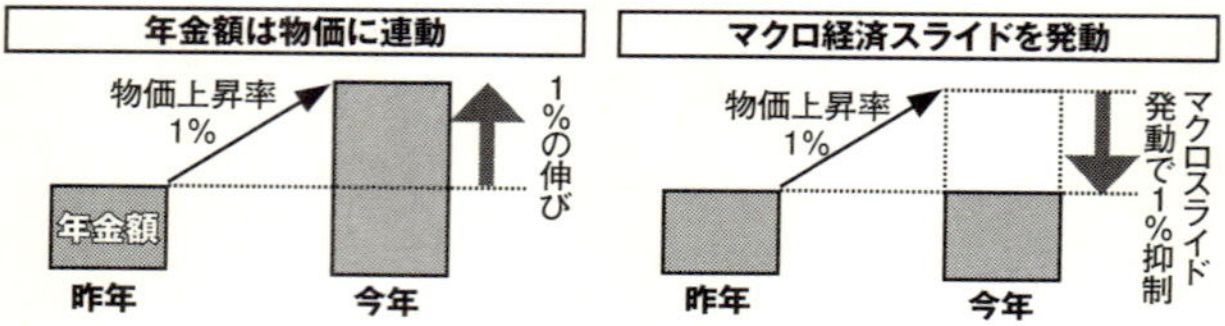

妻が40年間専業主婦だった」というモデル世帯（夫婦2人）を想定し、その年金額が現役男性の平均手取収入（ボーナス込）に対して、何%になるかを計算しています。

こうして保険料率を決め、給付水準を調整することになったわけですが、給付水準は物価上昇率と平均賃金の上昇率のうち、どちらか低いほうを採用して連動するということになったのです。

この調整の仕組みは、物価と賃金の変動の組み合わせによってさまざまなケースが想定されるため、それぞれに細かくルールが設定されました。その詳細を示すことはしませんが、[図表18]はその大まかなイメージです。

この図表の左にあるように、従来は物価が1%上昇すれば年金支給額も1%上がりましたが、マクロ経済スライドが発動すると、右にあるように抑制されるのです。この場合は、物価が1%上昇しても賃金が上昇しなかったので、低いほうを取って前年と同じ支給額になったというわけです。

なお、この改革を厚労省は「１００年安心」と称しましたが、改正法案が成立した直後に、保険料の引き上げ率を決めた出生率が実際よりも高めだったことが判明し、「１００年安心」という厚生労働省のうたい文句は、まったくのまやかしだったことが判明したのです。

ただし、マクロ経済スライドはデフレ下では実施しない仕組みになっていたので、その後、発動されませんでした。つまり、デフレのおかげで年金は減額されずにすんできたのです。

しかし、２０１４年に消費者物価が上昇したため、２０１５年度に初めて発動されることになりました。しかし上昇率は低く、マクロ経済スライド制度は、インフレ時に賃金上昇がともなわないと、実質的に大きく目減りしてしまうことが明らかになったのです。

2段階の減額改正とともに無年金者の救済も

では話を戻して、２０１６年の年金改革の中身をさらに具体的に見ていきましょう。前記したように、この改革は2段階になっています。

第1段階のマクロ経済スライドの改正では、２０１５年度まで一度もマクロ経済スライドを発動できなかったことをふまえ、今後はもっと発動できるようにしたことに尽きます。

引き下げられなかったのはデフレのためなので、物価が上昇した局面では、引き下げられなかった複数年分をまとめて引き下げられるようにするというのです。前記したように、2004年に「100年安心」をうたったとき、所得代替率は50%を少し上回る程度に設定されました。ところが、デフレが続いたため、所得代替率は一時60%を超えたのです。

そこで、これを引き下げるためにこんな改正をしたというわけです。

続いて第2段階ですが、これは年金の支給額を変える際の目安を見直ししてしまうものです。これまでのルールでは、賃金が物価より下がった場合、年金額は据え置かれてきました。

しかし2021年度からは、賃金が物価より下がった場合、賃金に合わせて年金額を改定することにしたのです。このため、物価が上がっても賃金が下がれば年金給付額は下がることになりました。

つまり、賃金が安定的に上昇しなければ、名目上の年金は減額されるのです。こうなると物価上昇に年金支給額が追いつかず、年金生活が苦しくなることは必至でしょう。

しかし、そんなことには目をつぶらなければ、年金財政は維持できないのです。現状は、

[図表19]保険料の納付期間と基礎年金月額

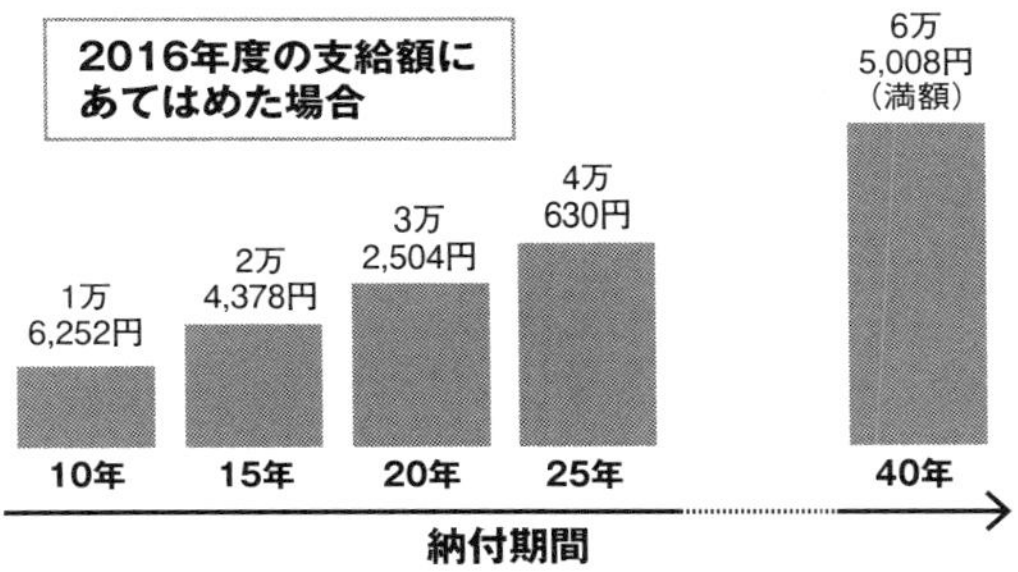

マクロ経済スライドを毎年実施しないと維持できないような状況に追い込まれているわけです。

この年金改革では、公的年金の受給に必要な納付期間を現行の25年から10年に短縮する改定も行われました。いわゆる「無年金対策」です。

上の［図表19］が、納付期間による支給額のグラフです。25年間未満の人にも年金が支給されることになったのです。

これで救われたのは、約64万人だということでした。しかし、新たに年金を受け取れるようになった人のもらえる金額はごくわずか。納付期間が10年だと基礎年金は月1万6252円。これでは暮らしていけるわけがありません。

年金だけで生活できない高齢者は年々増え続けています。2016年に生活保護を受けた世帯のうち、65歳以上の高齢者世帯は全体の5割を超えています。

2016年のマクロ経済スライドの見直し改定により、

２０１７年４月分（６月支給）から支給額がさっそく０・１％引き下げられることになりました。消費者物価指数が下がったためで、これによって国民年金を満額受け取っている人は、月額で約60円減ることになったのです。

今後の改正で迫られる五つの選択肢

アベノミクスの「官製春闘」でたしかに給料は上がりました。ただ、これは大企業レベルの話で、中小企業ではほとんど上がっていません。また非正規労働者はずっと蚊帳の外です。

そんななか、年金保険料だけは確実に上がってきました。厚生年金の保険料率は、２００４年10月から毎年段階的に引き上げられてきました。２００４年９月までは13・58％でしたが毎年10月に引き上げられ、前記したように、最終的には２０１７年10月に18・３％となり、ここで固定されます。このアップ率は、じつは消費税のアップ率に匹敵するほどの負担です。

しかし、こうでもしない限り年金制度は破綻してしまうのです。今後も人口減が続く以上、この流れは変えられません。これから、何度も何度も改正が行われるでしょう。

今後、年金制度の大幅な見直しが必要となった場合、政府が取るべき選択肢は、次の五つしかありません。

（１）年金の給付額を減らす
（２）受給開始年齢を遅らせる（65歳→68歳→70歳）
（３）現役世代の保険料を引き上げる
（４）税金を投入する（いずれ全額税方式に変更）
（５）年金制度を破棄する

この五つのうち、（５）以外はどれか一つということでなく、組み合わせもありえるでしょう。しかし、それはいずれも「先送り」にすぎず、根本解決にはなりません。

これまで述べてきたように、問題の制度は人口減社会、成長しない経済では通用しないのです。

第5章　強化されつつある富裕層包囲網

「資産フライト」はもう終わったのか

２０１６年4月、「パナマ文書」が大きな話題になりましたが、その背景には国際的な課税・徴税の強化があります。世界各国の税務当局は、国内税制の網の目をくぐって海外に流出する税金をなんとか取り立てようと、ここ数年、さまざまな手を打っています。日本の税務当局も、国際的な課税・徴税を強化させています。

もちろん、そのメインターゲットは富裕層です。グローバル化が進み、世界的に格差が拡大するなかで、取り残された人々の不満は高まっています。この不満をかわすためにも、富裕層は格好のターゲットなのです。

私は、２０１１年10月に『資産フライト』（文春新書）という本を出し、富裕層ばかりか一般のサラリーマンやＯＬまで、資産を海外に移すことが当たり前になっている現状を訴えました。そこでは、こうしたことが起こるのは、日本経済が停滞しているうえに、年々課税が強化されているからだと指摘しています。

それから早6年、資産フライトはどうなったのでしょうか？

２０１６年6月、『週刊ＳＰＡ！』（２０１６年6月19日号）は、「完全にオワコンとなった資産フライト。香港上海銀行から日本人が消えたワケ」という記事を掲載し、日本人の

[図表20]海外在留邦人数の推移

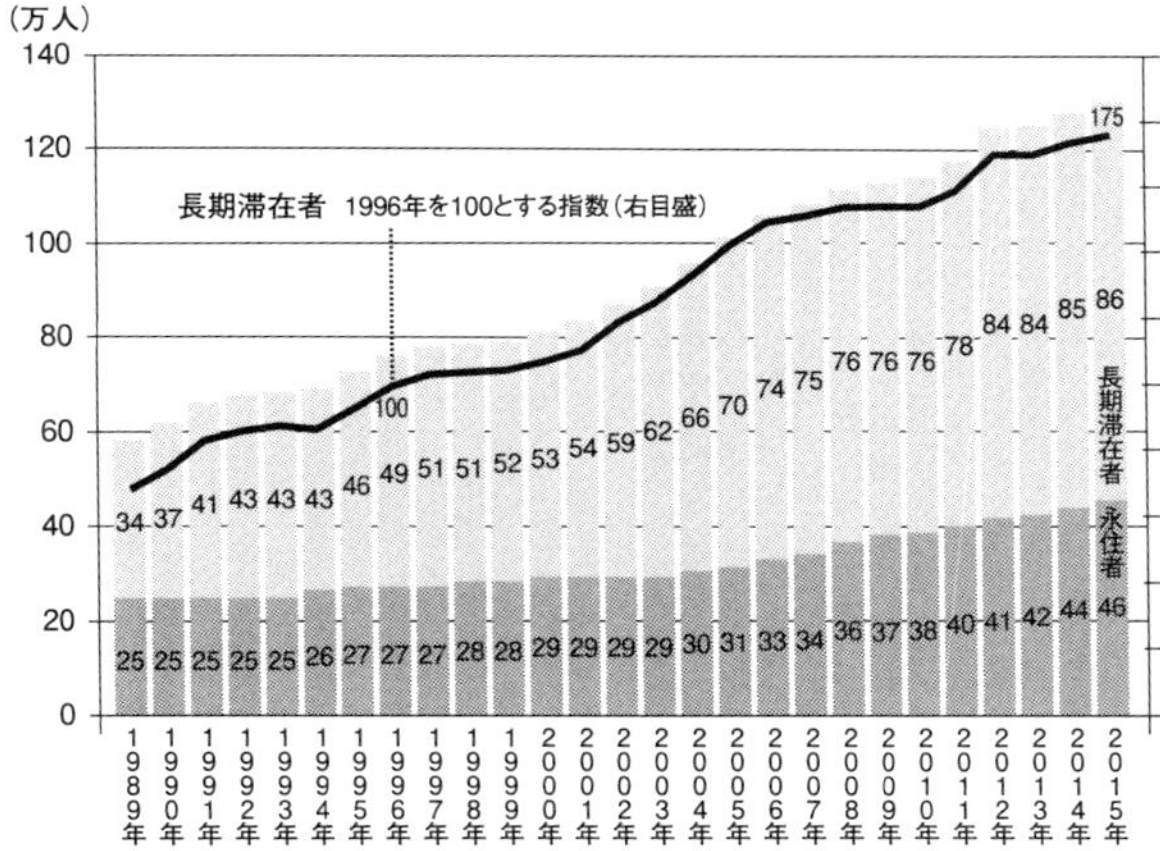

出典：外務省「海外在留邦人数調査統計」より作成

資産フライトが下火になったと指摘しました。

しかし、これはまったくの間違いです。なぜなら、たしかに香港上海銀行（ＨＳＢＣ）で海外口座を開設する日本人は減りましたが、これは規制が厳しくなったからにすぎず、資産フライトそのものは減っていません。むしろ、資産フライト、つまり日本円以外で資産を持つことは増えているのです。

それを示すのが、日本人の移住者が年々増加しているというデータです。

【図表20】は外務省の「海外在留邦人数の推移」ですが、これを見れば海外で暮らす日本人が年々いかに増加してきたかがわかります。これはグローバル経済が進展し、日本企業がどんどん海外展開するようになったという状況とリンクしていますが、そんななかで富裕層から一般層まで、国内より海外を選択するようになったことを表しています。

資産フライトと言えば、当然、税務上のメリットが大きいオフショア諸国が選ばれます。ただ、移住するとなると、それだけが決め手にはなりません。気候、文化、食生活、住宅事情、医療なども大きなポイントです。とはいえ、やはり日本の重税を逃れるというメリットがいちばん大きく、それができる代表はアジアにおいては香港、シンガポールです。

そこで香港、シンガポールの「永住者」数を見ると、年々、確実に増加しているのです。

香港、シンガポールでは永住者数が増加の一途

前記した外務省の統計を見ると、2015年の香港の永住者数は26977人で、2011年と比べて68・1％増。5年間で1000人以上増えています。また、シンガポールも2413人で52・9％増となっています。この増加数のうち、どれくらいが資産フライトを行っている富裕層かはわかりません。しかし、このなかに富裕層移住者が確実にいて、それが年々増えていることは間違いありません。

ひと口に富裕層と言っても、そのなかには資産が有り余っている大金持ちもいますが、

日本のがんじがらめの規制を嫌う起業家、金融業界で働く高給ビジネスマン、海外事業を展開する事業家なども含まれます。資産フライトをするのは、じつはそういう人間のほうが多いのです。

ところが、国税庁から資料の提供を受けたメディアは「富裕層の海外資産逃避が進んでいる」と書き、それをさも悪いこと、国を裏切る行為だというキャンペーンを張ります。また、前記したような「資産フライトはオワコン」という報道には、「そんなことをやっても上手くいくわけがない」と揶揄《やゆ》する意図が含まれています。

しかし、これは徴税側の論理であり、納税者（国民）の自由な行動を縛るものです。

ここ数年の資産フライト先で、香港、シンガポールとともに人気なのがマレーシア、そしてニュージーランドです。とくにニュージーランドは、香港やシンガポールと同じく相続税がないため、富裕層には圧倒的な人気があり、不動産価格も安いため、富裕層による不動産投資が続いています。

もちろん、ニュージーランドに目をつけたのは欧米の富裕層が先で、たとえば、ペイパルの共同創業者のピーター・ティール氏は大統領選挙中にトランプ陣営に寄付するとともに、ニュージーランドの市民権を申請したと伝えられました。

彼はすでに、ニュージーランド国内に投資会社を設立して、ベンチャーや不動産に投資しています。映画監督のジェームズ・キャメロン氏、ヘッジファンド界の大物のジュリアン・ロバートソン氏なども、ニュージーランドに農園や邸宅などの不動産を持っています。

こうしたニュージーランド移住・投資ブームに、日本の富裕層も便乗しているのです。

2016年、ニュージーランド政府は計46万5863ヘクタール相当の外国人による土地購入を承認しましたが、これは前年比6倍というすごい増加ぶり。移住者数も過去最高の7万5888人に達しています。

ちなみに、日本人永住者数は2011年に7562人でしたが、2015年には9652人と、なんと5年間で約2000人も増えています。

資産を円で持つことに対する不安

ここで資産フライトがなぜ起こるのかを説明しておきましょう。

単純に言って、資産フライトは税金の高い国から低い国に向かって起こります。たとえば、日本の所得税・住民税の最高税率は55％ですが、香港は17％、シンガポールは21％です。また、相続税・贈与税はありません。相続税・贈与税は一時的な課税ですが、所得税・

住民税は毎年の課税であり、これが毎年続けば大きな差になるのはあきらかです。

さらに、株式などの金融資産のキャピタルゲイン（売買差益）への課税は、日本では20・315％（株式譲渡益に対して15％、住民税5％、復興特別所得税0・315％）ですが、香港やシンガポールでは課税されません。ニュージーランドもまた、相続税・贈与税がゼロで、キャピタルゲイン課税も原則ゼロです。

これほどの差があれば、富裕層でなくても所得や資産を移してしまおうと考えるでしょう。

さらにもう一つ、日本特有の理由があります。それは、日本政府が借金まみれなうえ、異次元緩和などという自国通貨を毀損《きそん》する政策を続けていることです。つまり、円はこの先どんどん安くなる。もう円高はやってこない。普通の頭を持った人間ならこう考えます。

円／ドルの為替レートはアベノミクスが始まる前から円安に振れていましたが、その後、100円から124円まで行き、2017年3月現在では115円前後です。この円安は、長期的に見ればさらに進んでいくはずです。

短期的に変動を繰り返しても、経済成長が止まった国の通貨がこれ以上強くなるはずがありません。となると、大幅な円安になったときに資産を円で持っていることは大きなリスクです。とくに富裕層は、それを恐れています。

ところが、日本の経済メディアは「円は安全資産」と平気で書くのです。「世界経済に不安が増すと、きまって円が安全資産として買われる。日本は世界最大の対外純資産保有国であり、世界的にリスク資産が売られるリスク・オフ局面では、世界の投資マネーが避難先として入ってくる」と、間違った言説を垂れ流しています。この言説に、多くの一般国民が洗脳されてしまっています。

投資家のジム・ロジャーズ氏は、日本メディアのインタビューでは毎回のように、「もし私が日本の若者だったら、外国語を覚え、日本株を持って、国外に逃げ出す」と言っています。

国税が本格的に乗り出した海外資産の捕捉

資産フライトの増加にともない、国は次々に防止対策を取るようになりました。これは世界的な傾向で、ＯＥＣＤ諸国は結束して、自国民が持つ海外の資産や所得の捕捉と課税を強めてきています。

この流れに日本の国税も乗って、２０１４年7月に東京、大阪、名古屋の三つの国税局に「重点管理富裕層プロジェクトチーム」（富裕層ＰＴ）が設置されました。さらに２０１７年７月以降からは、福岡国税局などの重点局でも富裕層ＰＴが設置されます。

富裕層ＰＴでは、国際課税に精通した国際担当の「統括国税実査官」を中心に、富裕層をターゲットにして国際的なおカネの動きを監視します。また、香港やシンガポールなどにも専任の調査官を常駐させ、監視体制を強めています。その一環として国税は２０１６年10月、海外課税を強化するという「国際戦略トータルプラン」を発表しています。

「こんなことは、庶民には関係ない」などと思ってはいけません。というのは、最近の国税は銀行口座で海外送受金が確認されれば、すぐに「国外送金等に関するお尋ね」という文書を送ってくるからです。

私の知人に、かつて海外勤務をしていた人間がいますが、その彼が海外勤務時代につくった現地口座から日本の現地口座向けに１万ドルを送金しただけで、この文書が届きました。

その文書には、国外での居住期間の有無から送金資金の使途、確定申告書の提出状況など、事細かい回答欄があります。国民には、これに答える義務があるのです。

というのは、国税には国民の懐《ふところ》を調査する権限があり、海外との送受金で１００万円を超えるものがあれば、金融機関は税務署に「国外送金等調書」を提出することを義務付けられているからです。

前記した「国際戦略トータルプラン」に関して、国税庁のウェブサイトは、次のようにその必要性を訴えています。

《近年、経済社会がますます国際化している中、いわゆる「パナマ文書」の公開やBEPS（税源浸食と利益移転）プロジェクトの進展などにより、国際的な租税回避行為に対して、国民の関心が大きく高まっている状況にあります。

国税庁としては、国内のみならずこうした国際的な動きも十分に視野に入れて適正公平な課税を実現していくことが、国民からの信頼の確保につながるものと考えています。

こうした観点から、国税庁では、国際課税への取組を重要な課題と位置付けているところ、今回、改めて、国際課税の取組の現状と今後の方向を取りまとめた「国際戦略トータルプラン」を公表することといたしました。》

「国外財産調書制度」の創設で強化開始

日本の税務当局による富裕層の海外資産の監視・捕捉・徴税が具体的に強化されたのは、2014年1月から導入された「国外財産調書制度」からです。

これは、日本の居住者が、毎年12月31日時点で5000万円超の海外預金口座や不動産、株式などの国外財産を保有している場合には、所轄の税務署への調書を申告せよというものです。

あくまで自己申告ですが、無申告のまま資産が判明した場合は、1年以下の懲役もしくは50万円以下の罰金が科せられます。

それまで税務当局は、前記した「国外送金等調書」により、海外資産を持つ者をある程度把握してきました。そして、海外送受金の金額が大きい場合には、これも前記の「国外送金等に関するお尋ね」という文書を発送してきました。

しかし、これだけでは捕捉・監視からこぼれるとして、自己申告制を導入したうえで罰則を設けたのです。

こうした申告制度は、国内においてはすでに実施されています。2000万円超の高額所得者は、毎年財産債務の明細書を提出する義務があります。ただし、この調書の提出には罰則がなかったので、出していない人も多くいました。しかし、「国外財産調書制度」

の導入で、調書を出さざるをえない人が増えました。

ただ、調書の規定の「5000万円超」には、納税側にとって大きな落とし穴がありました。それは、この額が資産から債務を引いた「正味財産」ではないことです。たとえば、ローンを3000万円組んで評価額5000万円超の海外不動産を所有している場合にも、調書を提出する必要があるのです。

この制度は富裕層だけでなく、海外に出る個人資産をすべて把握してしまおうというものです。というのは、将来、調書の額を国内と同じ「2000万円超」に下げてしまう可能性が十分にあるからです。まさに、国は国民の資産をみな国内に閉じ込めようとしているのです。

非居住者の規定を5年から10年に延長

それでは、このような海外資産の課税強化策から逃れるには、どうしたらいいのでしょうか。

現時点では、オフショアに法人や信託を設立し、「日本居住者」から「非居住者」になってしまう方法が有力です。なぜなら、調書の提出義務があるのは日本居住の個人であって、法人ではないからです。海外居住者になれば調書提出の義務がなくなるばかりか、日本国外の事業で得た所得や海外の金融機関で運用した利益は、合法的に非課税になります。それればかりではありません。日本の非居住者は、場合によっては日本国内で得た所得にも課税されないのです。さらに、贈与税・相続税も課税されません。

だから、海外移住による資産フライトは、いまも続いているのです。

しかし、富裕層を主なターゲットにする包囲網は、どんどん狭くなってきています。それは、非居住者の認定基準が変化してきたことからも明らかです。

これまで非居住者の認定については、いちおう5年以上海外で暮らした場合は認定されてきました。年間183日以上、5年間にわたって海外で暮らした実績があれば、非居住者としてきたのです。

ところが2017年度税制改正大綱では、相続税が非課税となる移住年数を一気に10年に延長することが決められました。さらに、オフショアにある実体のないペーパーカンパニーの所得に対して日本の税率を適用する、「タックスヘイブン対策税制」の強化も決められたのです。

日本では、タックスヘイブンを法人税などの基準税率が20％を下回る国・地域と規定しています。そこで、たとえば法人税率15％の国に子会社を置いた場合、20％との差異である5％分が日本で課税されます。しかし、20％以上の国の場合は現地で課税されるため、日本では課税できませんでした。

しかし、これを課税できるようにしてしまおうというのが、２０１７年の改正です。これは、海外税務の専門家の間で、「ユニクロ会長の柳井正氏や、ドンキホーテ最高顧問の安田隆夫氏を〝狙い打ち〟にしたのでは」と言われました。というのは、柳井氏も安田氏も、所有する自社株を自らオランダに設立した資産管理会社に譲渡していたからです。

そして、前記した非居住者の認定の5年から10年の延長は、ベネッセコーポレーションの創業家2代目の福武總一郎氏への〝嫌がらせ〟とも言えます。というのは、福武氏はニュージーランドに資産管理会社を設立し、２００９年に夫人とともにニュージーランドに移住しているからです。

これらは、国税による〝富裕層いじめ〟とも言えるものですが、こうした動きの狙いは、海外に居住していようといまいと、その人間が日本国籍を持つ限り、すべての所得、資産に課税してしまうということです。近いうちに、当局はこうした制度改正を行うに違いありません。

２０１６年１月からは、国内においても富裕層への課税強化策が実施されました。前記した所得金額２０００万円超の高額所得者（３億円以上の預金、有価証券不動産など、または１億円以上の有価証券などを持っている場合も）の「調書」提出が義務付けられ、もし申告漏れがあった場合、加算税などが課されることになったのです。

いずれ、富裕層だけでなく、すべての課税対象者が所得と資産を当局に申告するという制度ができるでしょう。

「出国税」「ＦＡＴＣＡ」「ＣＲＳ」による包囲網

ここで、海外課税強化策として特筆しておかなければならないのが、「出国税」（国外転出時課税制度）です。これは２０１５年７月に導入されたもので、文字どおり、国外に財産を持って移住する者に課税する税制です。

この制度の対象資産は１億円以上で、その含み益に所得税および復興特別所得税が課されることになったのです。また、１億円以上の対象資産を所有している日本の居住者から、外国に居住している子供や孫などへの贈与や相続によって資産の移転があった場合にも、含み益に対して同様の課税がなされることになりました。

ところが、移住ではなくビジネスなどで国外に住まいを移す場合も課税対象であるとしたため、大きな反発が起きました。

それでも、ここまで規制を強めたということは、国税が並々ならぬ決意を持っていることの表れです。それは「海外に資産を持って行くなら、なにがなんでも税金を取る」ということでしょう。

このような国税の強気の背景には、2010年3月に、アメリカで「FATCA《ファトカ》」(Foreign Account Tax Compliance Act：外国口座税務コンプライアンス法)が施行されたこと、また2013年10月に、「多国間徴税ネットワーク」とされる「税務行政執行共助条約」(Convention on Mutual Administrative Assistance in Tax Matters)がOECD諸国間で発効したことがあります。

FATCAは、ひと言で言えば、アメリカ人が海外に持つ金融口座に開示義務を課すという法律です。これはアメリカの国内法なので、その影響は限定的ですが、オフショア諸国から日本にまで大きな影響を与えました。

しかし、もっと大きなインパクトがあったのが、税務行政執行共助条約です。これは、多額の納税義務者の資産状況や税務状況を加盟国で共有し、課税逃れの資産フライトに対

［図表21］税務行政執行共助条約に基づく徴収共助の仕組み

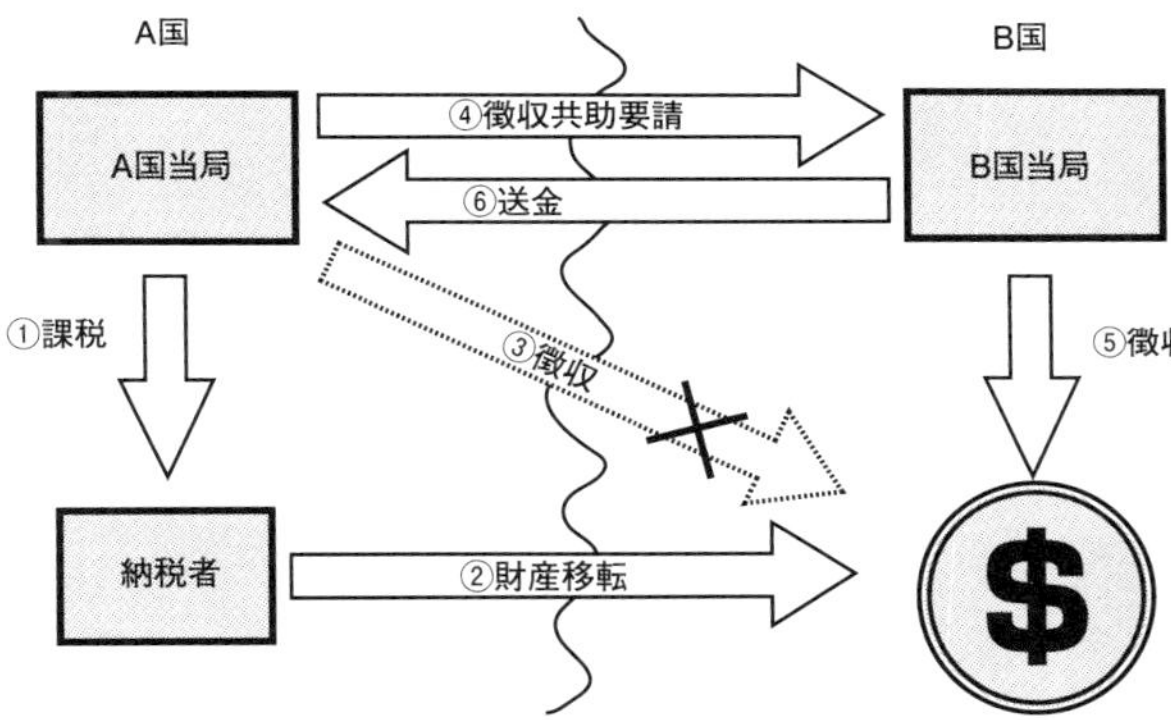

出典：国税庁ウェブサイト「国際的な租税の徴収」より

する徴税を加盟国間で代行するもの。つまり、各国の税務当局がお互いの国の納税者の情報を交換し合い、それにより徴税を代行し合うという仕組みです。

［図表21］が、そのイメージ図です。

日本はこの条約を２０１５年６月に批准しました。

この条約の具体的な措置は「ＣＲＳ」（Common Reporting Standard：共通報告基準）という基準で実施されます。ＣＲＳが稼働すれば、海外口座を持つ人間の氏名や住所、口座残高、利子・配当の年間受取額などは丸裸になります。要するに各国の税務当局は、該当情報を自由に交換できるようになるのです。

アメリカがCRSに参加しないことの意味

このCRSの本格的な稼働は2018年9月とされています。日本を含む101カ国・地域が加わる見通しですが、アメリカは加わりません。なぜなら、アメリカ自体が巨大なタックスヘイブンなので、その情報を他国に提供することは、アメリカの金融界の力を削ぐことになるからです。

しかも、アメリカにはすでにFATCAがあるので、他国からの情報を取ることには困りません。アメリカの国内法は事実上、国際法を上回る力を持っているからです。

アメリカが加わらないとはいえ、CRSには多くのオフショア諸国が加わります。カリブ海のケイマン諸島やBVI（英国領ヴァージン諸島）、欧州のルクセンブルクやスイス、アジアのシンガポールや香港など、主だったオフショアはみな参加します。

そのためここ数年、「これまで申告していない財産が明らかになってしまうのか？」という富裕層からの相談が税理士に殺到しています。アジアではカンボジアがCRSに参加しないので、ここに資産を移すという富裕層が出てきているようです。

しかし、大方の見方では、オフショアにある資金はアメリカに流れるのではないかと考えられています。というのは、アメリカは前記したようにＣＲＳに参加していません。また、トランプ大統領が大規模な減税を実施する見通しであるうえ、ＦＲＢ（連邦準備制度理事会）によるフェデラルファンドレートの利上げもあるからです。

さらに、トランプ政権は金融取引を規制する「ドット・フランク法」(Dodd-Frank Wall Street Reform and Consumer Protection Act：ウォール街改革・消費者保護法）の撤廃を表明しているからです。

これでは、世界中の富裕層がアメリカに流れるのは確実です。実際、ドルベースで資産を持っている人、投資している人は、アメリカに回帰する傾向が見られます。

日本の富裕層の間でも、アメリカへ資産フライトする傾向が強まっています。

２０１６年に暴露された「パナマ文書」で、オフショアに資金を移す税逃れ行為が世界的な関心を呼びましたが、リストにはなぜかアメリカ企業とアメリカ人が少なかったのです。

また、日本の国税がいくらＣＲＳに力を入れても、相応の成果を得ることは難しいのではないか、という見方もあります。海外口座の「真の所有者」(beneficial owner）を、どこまで突っ込んで調べられるか未知数だからです。

また、ネットはアメリカが支配していますから、アメリカに情報を独占され、ほかの国にはそれほど重要な情報が流れないことも考えられます。

問題はオフショアではなく日本にある

それでは、この章の最後に、「パナマ文書」が私たちに突きつけた問題を考えてみましょう。前記したように、文書の公開により、オフショアに資産を持っていた企業や個人名が公開され、「大企業や富裕層だけがトクをしている」と、世界中で納税者の不満が高まりました。

それを受けて、メディアは名前が挙がった人々を次々に追及しました。しかし、〝脱税〟だと大騒ぎしたものの、それを立証できたメディアはほぼありませんでした。

とくに日本では、名前が挙がった企業と個人のコメントを流しただけ。それでもメディアは、名前が挙がった企業や個人をまるで罪人のように扱いました。

オフショアにおけるマネーロンダリング、脱税は許せません。しかし、オフショアを利用している企業や個人をいくら叩いても、なにも解決しません。

「タックスヘイブンによる〝課税逃れ〟は違法ではないが、同文書のなかには世界各国の首脳や富裕層の名前も多く含まれており、税を正しく納めている人々に対して、高額所得層や公人が租税回避目的でタックスヘイブンを利用していることは倫理的に問題がある」というのが、大方のメディアの論調でした。しかし、本当にそうでしょうか？

まず、オフショアを利用しているのが富裕層だというところに、メディアのバイアスがあります。別に富裕層でなくても、1000ドルもあればオフショアに会社をつくることはできるし、銀行口座だって開けます。オフショア口座をつくるだけなら、ネットで申し込むことも可能です。

次に、オフショアは税金が安いため、圧制から逃れる自由な地となっているという視点が、メディアには皆無です。

圧制というのは多くの場合、税金が高い（＝重税である）ということです。国民は国家の奴隷ではありません。オフショアは、そうした理不尽から逃れられる場所なのです。

つまり問題の多くはオフショアではなく、日本のように税金が異常に高い国のほうにあると考えるべきなのです。こんな国で従順に納税していては、日本の大企業はグローバル競争に勝てず、みな潰れてしまいます。

また個人は、ビジネスで成功してお金持ちになれたとしても、その資産はほとんど国に持っていかれてしまいます。

そして真面目に働いて納税している一般国民は、グローバル企業や富裕層が富をつくり出さなければ、さらに貧しくなってしまいます。

現在、ＯＥＣＤ（経済協力開発機構）は「ＢＥＰＳ」（税源浸食と利益移転）というプログラムを進めています。これは、世界展開しているグローバル企業が、租税を回避するために国境を越えて利益を移転することで、本来国家が得られる税収が減ってしまうのを規制しようとするものです。

要するに、グローバル企業がどの税金をどこで納めているのか、各国の税務当局が把握できるようにしようとしているのです。

もちろん、日本もこのＢＥＰＳプログラムを進めていますが、規制を強化すればするほど企業活動も個人も自由を失い、経済は低迷してしまいます。

日本に世界の富裕層が来ない理由とは？

富裕層からより多く税金を取り、それを庶民に分配すれば格差が是正されるという考え方があります。このような「富の再分配」を行うという理由で、富裕層への懲罰的課税が正当化されてしまいます。しかし、増税はどんな場合でも経済を衰退させ、そのツケはやがて庶民に回ります。そして国家は借金を繰り返し、庶民にも重税を課すようになるのです。

日本では、どこにもそんな事実はないのに、金持ちは優遇されているという見方が根強くあり、マスメディアはみなこの考え方に染まっています。

そして、「正義のペン」を振りかざして、パナマ文書のときのような報道を繰り返すのです。それが、毎年のように増税する根拠のようにもなっています。

もし、日本で本当に金持ちが優遇されているのなら、世界中から富裕層が日本に集まってくるはずです。これほど住みやすく、「おもてなし」があるとされる素晴らしい国なのですから、来ないわけがありません。

しかし、日本にはシンガポール、ロンドン、ニューヨークにあるような、富裕層向けのサービスもなければ、彼らが住めるような豪邸もありません。

なぜこうなのかと言えば、ひとえに日本の税制が過酷だからなのです。

第6章　住宅ローンと固定資産税のワナ

不動産に重税をかけるのは財産権の侵害

日本は約37万８０００平方キロメートルという国土（土地）で成り立っており、その土地には必ず持ち主がいます。その土地の上に建つ建物、住居にも必ず持ち主がいます。

文字通り、不動産は海外に逃避したりする心配がないので、ここに税金をかければ国は確実に収入を得られるわけです。こうして不動産には各種の税金がかけられ、厳しい徴収が行われています。

そこで、話が少々飛躍しますが、不動産を含めた国民の「財産権」を国家は侵してはならないということを、まず述べておきたいと思います。

１７７６年のアメリカ独立宣言でも、１７８９年のフランスの人権宣言でも、個人の財産権は神から与えられた「侵すことのできない神聖な権利」と規定されています。つまり、たとえ国であっても勝手に奪ってはいけないものであり、これに税金をかけて少しでも取り上げるには、合理的な根拠がなければなりません。「公共の福祉のため」などの理由が必要で、それを明確に法律で定めなければならないのです。日本国憲法でも、第29条第１項に「財産権は、これを侵してはならない」とあります。

したがって、一般の人の持つ財産のなかでもっとも大きな比重を占める不動産に税金をかけるのは、ある意味で、権利の侵害になると言えます。国家がしなければならないのはまず財産の保護・保障であり、課税ではないからです。

このことを踏まえて、この章では不動産に関わる税金について見ていきます。ただし、不動産に関わる税金は数多くあり、そのすべてについて説明することはできません。

そこで、一般サラリーマンの立場から、マイホームを購入してそれを維持する際に取られる税金と、住宅ローンを組んで購入した場合に得られる控除（減税）について述べていきます。

日本の地価、住宅価格は1980年代のバブル期にピークに達し、それ以後30年以上にわたって低迷を続けていますが、いつの時代も庶民にとってマイホームは夢であり、人生最大の買い物です。たとえば、戦後日本の経済を引っ張ってきた団塊世代の持ち家比率は、なんと8割を超えています。

働いておカネを貯め、それを元手にマイホームを買うことが、団塊世代にとっては「当たり前」の行動だったのです。そして、この行動を支えてきたのが、バブル崩壊まで続いてきた地価の高騰と、それにともなう税制です。この基本的な枠組みは、いまも変わっていません。

不動産に関わる税金はどうなっているのか？

前記したように、不動産に関わる税金は数多くあり、それぞれが細かく規定されています。そこで次に、不動産を「買うとき」「保有するとき」「売るとき」「貸すとき」の４つの局面に分けて、それぞれ考慮しなければならない主な税金を列記していきます。

［不動産を買うとき］

・**印紙税**（住宅の売買契約書や住宅ローンの契約書などを交わす際に契約書にかかる税金）
・**消費税**（土地は非課税。建物は課税対象。不動産会社への仲介手数料も課税対象）
・**登録免許税**（土地建物等にかかわる登記をする際にかかる税金。所有権にかかわる登記の場合には、その固定資産税評価額に、所定の税率を乗じて税額を求める）
・**不動産取得税**（不動産を取得したときに支払う税金。固定資産税評価額に対して原則として税率４％を乗じた金額が税額）
・**相続税・贈与税**（住宅を贈与により取得したり、購入に際して贈与を受けたりした場合にかかる税金。適用条件などで非課税や控除がある）

・**住宅ローン控除**（住宅ローンを利用して、住宅の購入や新築などをした際に、一定の要件を満たす場合、所得税や住民税について住宅ローン控除の適用を受けられる。正式名称は「住宅借入金等特別控除」）

［不動産を保有するとき］

・**固定資産税**（土地・家屋の所有者に課税。原則として、3年に一度評価替えされる固定資産税評価額に対して所定の税率を乗じて算出する）

・**都市計画税**（土地・家屋の所有者に課税。税率は0・3％を上限として、市町村ごとに定められる）

［不動産を売るとき］

・**所得税・住民税**（住宅を譲渡して利益が出た場合には、その利益を譲渡所得として所得税・住民税がかかる。長期譲渡所得と短期譲渡所得に分類され、税額もそれぞれに分けて計算）

・**特別控除の特例**（土地建物を売却した場合、譲渡所得の計算上差し引かれる特別控除の特例がある）

［不動産を貸すとき］

・**所得税・住民税**（個人が不動産を貸して家賃を受け取る場合の利益は「不動産所得」となり課税される。不動産を貸して得た収入から必要経費を差し引いた額にかかる）

・**消費税**（前々年の課税売上高が1000万円超の場合には消費税がかかる。不動産賃貸の場合には、住宅貸し付け賃料は非課税。商業ビルや駐車場の貸し付け賃料には課税）

このように、不動産購入に関わる税金は数多くあるのですが、条件により減税処置（住宅ローン減税）が用意されています。これは国が、「住宅販売の活性化＝経済の活性化＝税収アップ」と考えているからです。

しかし、単純に減税が受けられるからといって、マイホームを住宅ローンで購入することは、現在の経済情勢においてはかなりリスキーです。この点については、住宅ローン減税の仕組みと併せて、この後に述べることにします。

消費税増税とマイホーム購入との関係

２０１６年９月、消費税率10％への引き上げを２０１９年10月に延期したことにともない、住宅ローン減税の適用期間を同じように延期する税制改正案が国会で成立しました。

これにより、住宅ローン減税は制度の終了時期が２０２１年末まで引き延ばされることになったのです。

そこで、消費税の増税がマイホーム購入にどのように影響したのか？　そして今後に影響はあるのか？　過去５％から８％へ増税したときと、この先８％から10％へ増税するときの２回を見ながら、考えていきます。

２０１４年４月の消費税増税は、事前の想定よりはるかに大きな駆け込み需要をもたらしました。その前年まで、新築物件がよく売れたのです。

ところが、増税された２０１４年通年の新設住宅着工戸数は、前年比９・０％減の89万２２６１戸。リーマンショックの影響で落ち込んだ２００９年（27・９％減の78万８４１０戸）以来、５年ぶりの大幅なマイナスに転じました。

駆け込み需要は「需要の先食い」にすぎないので、その後に、大きな「反動減」がやってきたというわけです。

それでは、価格３０００万円の新築マンションを購入するという想定で、消費税の影響をシミュレーションしてみましょう。

土地部分に消費税はかかりませんが、建物にはかかります。ということは、マンション全体の価格には建物の分消費税が含まれているので、その分、マンションの購入価格は増税前よりアップします。

仮に税抜きの建物価格が1500万円だとすると、消費税率5％なら税額は75万円ですが、8％なら120万円、10％なら150万円にアップします。

また、購買時の諸費用とされる保証料・保険料などに消費税はかかりませんが、手数料には課税されます（ただし入居後に支払う管理費や修繕積立金は非課税）。さらに、マンション本体だけでなく、入居時に家具や家電などを揃えるとすると、そうしたインテリアの経費にも消費税がかかります。

次の【図表22】が、このケースのシミュレーション図です。消費税の増税を2段階で、それぞれ支払額がどう変わるかを比較しました。建物価格を1500万円、諸費用が価格の3％、家具・家電のインテリア経費を100万円としています。

新築マンションの場合、原則は引き渡し時の税率で課税されますが、建築工事請負契約では半年前までに契約すれば旧税率が適用されることになっています。そのため、8％に

［図表22］3,000万円の新築マンションを購入した場合の税率による価格の違い比較

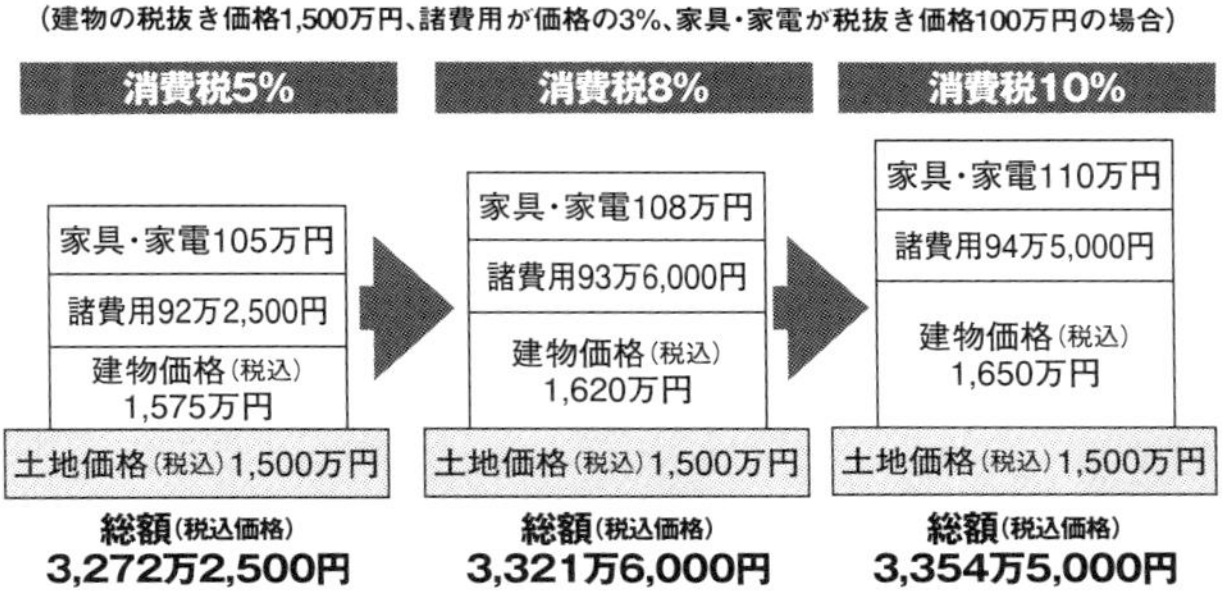

上がった際は、２０１４年４月１日の半年前である２０１３年９月30日までに駆け込み需要はピークに達しました。２０１３年９月は、東京都内のマンション販売が前年同月比で77％増にもなったのです。

とすると、次の増税は２０１９年10月ですから、２０１９年３月30日までが駆け込み需要の期間ということになります。

次も同じようなことが起こるかどうかはわかりませんが、［図表22］が示すように、増税前と増税後で価格は大きく違ってきます。物件価格にもよりますが、この３０００万円のケースで８％へのアップ時はその前に比べて約50万円、10％アップ時には約33万円も上がります。

このおトク感に加えて、早めにマイホームを購入したほうがさらにおトクと思わせているのが、政府が打ち出した住宅ローン減税の拡充策なのです。

「住宅ローン減税」はどれだけ得できるのか

住宅ローン減税の拡充策は8％への増税時に導入されたものですが、前記したように、次の10％増時に併せて延長されました。

もっと簡単に言うと、住宅ローンを組んで新築住宅や新築マンションを買った場合、10年間にわたって減税措置を受けられます。入居から10年間、年末のローン残高の1％にあたる額が、納めた税金の控除として戻ってくるのです。

ローンの上限が4000万円で、最大400万円減税されます。この減税分はまず所得税から差し引くことができ、それでも余剰があれば住民税からも差し引くことができます。この場合、住民税からの差引額は13万6500円です。次の【図表23】が、その概要です。

住宅の種類には「一般住宅」と「認定住宅」の二つがありますが、「長期優良住宅」とは、「長期優良住宅の普及の促進に関する法律」の規定に基づく認定を受けた住宅で、簡単に言うと「何世代にもわたって長持ちする住宅」のこと。「低炭素住宅」とは、「都市の低炭素化の促進に関する法律」の規定に基づく認定を受けた住宅で、つまりは「省エネ住宅」

[図表23]住宅ローン減税の概要

■控除額、控除率

住宅の種類	居住開始年	借入金などの年末残高の限度額	控除率	各年の控除限度額	最大控除額
一般住宅	平成26年4月～平成31年6月	4,000万円	1.00%	40万円	400万円
認定住宅（長期優良住宅、低炭素住宅）	平成26年4月～平成31年6月	5,000万円	1.00%	50万円	500万円

■控除額と期間

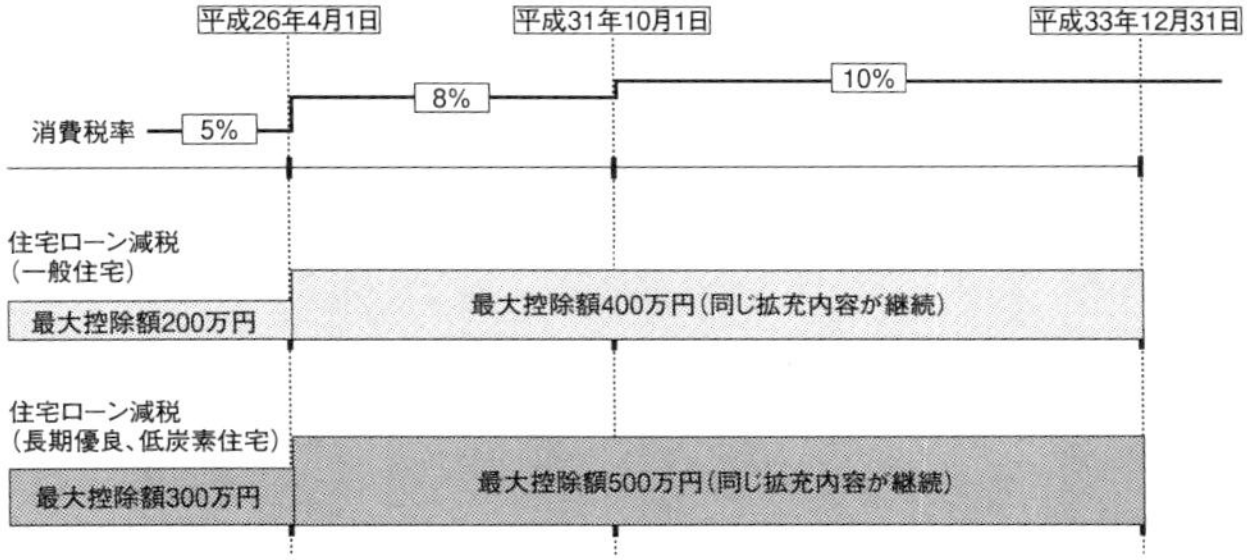

※消費税率の引き上げは、2014年4月に8%、2019年10月に10%と2段階に分けて行われるが、住宅ローン減税は、2014年4月から2021年12月まで同内容

のことです。

これらの住宅を購入すると、一般住宅以上のさまざまな税制優遇措置を受けられることになっています。

ここでその条件については詳述しませんが、詳しく知りたい方は国税庁のウェブサイトを参照してください。

では、こうした住宅ローン減税でどれだけ得することができるのでしょうか。

マンション広告などを見ると、「最大400万円の減税、いまがおトク！」などとうたっていますが、400万円丸ごと得するわけではあり

[図表24]住宅ローン減税の年収別試算

消費税	建物消費税額	住宅ローン減税	
		年収500万円	年収700万円
5%	100万円	約119万円	約200万円
8%	160万円	約142万円	約256万円
10%	200万円		

ません。減税分は、すでに納めた税金から戻す形になっており、納税額以上に返金されることはないからです。

たとえば、対象者の納税額が所得税・住民税合わせて年間20万円で、年末のローン残高が最大額の4000万円。その1％の40万円まで減税可能だとしても、実際に戻ってくるのは最大20万円です。

所得税と住民税の合計が40万円以上の人でも、ローン残高が3000万円なら減税額は最大30万円ということになります。

再びシミュレーションしてみます。

購入したマンションの建物価額が2000万円で、ローン借り入れが3000万円、30年返済、金利2％、ボーナス返済なし、元利均等返済だとすると、その減税額は【図表24】のようになります。

ここでは、年収500万円の場合の所得税を5万9500円、年収700万円の場合の所得税を16万5500円として試算しています。

この試算でいくと、年収500万円の場合の住宅ローン減税による10年間の減税額は約23万円（142万円－119万円）。年収700万

［図表25］住宅取得者への給付金措置

	年収（目安額）	給付額
消費税率8%の場合	425万円以下	30万円
	425万円超475万円以下	20万円
	475万円超510万円以下	10万円
消費税率10%の場合	450万円以下	50万円
	450万円超525万円以下	40万円
	525万円超600万円以下	30万円
	600万円超675万円以下	20万円
	675万円超775万円以下	10万円

円の場合は約56万円（256万円－200万円）となります。

この例では建物価額を2000万円としていますが、見ればわかるように、消費税のアップ額のほうが住宅ローン減税の拡充額より大きいのです。

当然のことながら、建物価格が低いと減税額はもっと小さくなるわけで、消費税の負担がいかに大きいかがわかるでしょう。

住宅ローン減税が拡充されているように見えても、その分以上が消費税増税で相殺されるようになっているのです。

だとすれば、増税の前後でマイホームを購入する予定があるなら、増税前、それも半年前にするほうが圧倒的に得だということになります。

しかし、とくに必要もないのに、「増税前がお得！」などとあおられて駆け込みでマイホームを購入することには大きな危険が伴います（このことについては後述します）。

なお、住宅ローン減税には低所得者向けの追加措置もあります。これは、現金給付で、低所得者が住宅ローンを組んで家を買う場合、前ページの【図表25】にあるように、給付金が出るというものです。

なお、住宅ローン減税が適用されるのは主に新築の物件を購入する場合で、中古住宅の場合はいくつかの条件を満たす必要があります（この点については国税庁のウェブサイトで確かめてください）。

不動産は投資商品として多くの問題がある

さて、住宅ローン減税はこれまで何度も行われてきています。政府は市場動向を見ながら控除期間を延長したり、控除額を増減させたりしてきたのです。そしてそのたびに、住宅販売業者は「買うならいま！」と言ってきました。つまり、住宅ローン減税は、この先何度も行われることが予測されるのです。

そうだとすれば、消費税が増税されるからといって、無理して不動産を購入する必要はないと言えます。

不動産を投資商品と考えれば、どんな減税措置が行われようと、現状では投資価値はないと不動産投資家たちは口を揃えます。

まず、一般サラリーマンに「お買い得な物件」など回ってこないと、彼らは言うのです。

なぜなのでしょうか？

それは、不動産市場というのは、株式市場などと違って、すべての投資家が同じ条件で参加できる市場ではないからです。しかも、取引は「市場取引」でなく「相対取引」。不動産業者は得意客を優先し、マイホームを探している一般の客などは二の次にします。

さらに不動産市場では、株価のように、その時点での市場価格を知ることが非常に難しくなっています。情報としてあるのは売り主の希望販売価格ぐらいで、それもはたして適正なのかどうか、私たち素人には判断できません。

このようななかで、一般庶民にとって一生のうちでもっとも高い買い物をするわけですから、これは大きなリスクだと言うほかありません。

私の知人の不動産投資家は、いつもこう言っています。

「マンションや住宅は、購入した時点で中古物件になってしまいます。そしてその後は、年々少しずつ減価していき、やがて不良債権になります。人口減で住宅が余っている現在、都市部のよほどいい場所を除いて、これから戸建てやマンションが値上がりする可能性はほぼゼロです。

仮に、1年あたり1％程度下落するとしましょう。そうなると、5000万円の物件で年に50万円ずつ資産価値が目減りしてしまうわけです。私たちが狙っているのは、都市部の確実に値上がりする物件だけで、それ以外の物件は、よほどのことがない限り手を出しません」

さらにマンション投資の場合、物件の資産価値が目減りするのを抑えるために修繕を行う必要があります。この費用は、一般的に10年間で建物価格の10％が必要だとされます。建物価格が2000万円だとしたら10年間で200万円、1年あたり20万円が必要です。

このように、マンション購入には大きなリスクがあるのですが、さらにそのリスクを拡大させてしまうのが住宅ローンです。たとえば3000万円の物件を購入し、そのうちの2500万円は30年ローンを組み、30年間の金利の平均値を3％と見積もると、金利の出費だけでなんと1300万円にもなってしまいます。これは、2500万円を借り入れたのに、最終的に返済する金額は3800万円にもなってしまうということです。

最近は住宅ローン金利がかなり低下して変動金利では1％を切っていますが、これも現在の巨大な政府債務のことを考えれば、大インフレ時代が到来し金利が急上昇することも想定しなければならないはずです。

住宅ではなく人間に貸す日本の住宅ローン

なぜ一般的にあまり知れていないのか、不思議なことがあります。それは、日本の住宅ローンが世界でも特殊な「リコースローン」（遡及型融資）だということです。

アメリカでサブプライムローン問題が起こったとき、住宅ローン破産者が日本のように深刻な様子でないことに驚いた人も多いのではないでしょうか。その理由は、アメリカの住宅ローンが「ノンリコースローン」（非遡及型融資）といって、返還請求権が個人の資産にまで及ばないものだからです。

簡単に言うと、返済できなくなってしまったら、住宅を返せばそれ以上は支払う必要がないということです。

リコース型である日本の住宅ローンは、借り手が債務不履行になった際、融資資金の償還請求権がその個人が持つ資産にまで及びます。つまり、日本では住宅を手放したからといってローンがなくなるわけではなく、いつまでも残債を返し続けなければなりません。

これがいわゆる〝ローン地獄〟で、住宅ローン破産者がいつまでも救われない原因がここにあります。

アメリカのノンリコースローンは、1930年代の世界大恐慌の際に、債務に苦しむ多くの国民を救うために始まりました（州によって認めていないところもあります）。こうした制度の根底には、厳しく取り立てるより、現実的な解決を目指したほうがいいという考え方があります。

これに対して日本のリコースローンは、不動産を担保に入れるだけでなく、借り入れを行う本人が連帯保証人になる必要があります。さらに親、兄弟、親類などの第三者の連帯保証も求められます。よって、物件価格が大幅に下落した段階で物件を手放すと、個人にローンの残債が重くのしかかってくるのです。

このように、リコースローンは債務者にとって非常に厳しいもので、その結果、日本ではローン破綻の自殺者が異常に多いのです。

この問題を突き詰めると、アメリカでは住宅ローンが「土地建物」という資産に対する貸し付けなのに対して、日本では「人間」そのものに対して貸し付けているということになります。その義務から永遠に逃れられないのです。

これでは、マイホームを持つことは喜びというより苦しみではないでしょうか？

固定資産税は地方税で土地と建物にかかる

住宅ローンと並んで不動産所有者を苦しめるのが固定資産税です。マイホームを持つと、住んでいる自治体（市町村、東京だけは都）から必ず固定資産税の「納税通知書」が送られてきます。つまりこの税金は地方税で、自治体収入の大きな柱になっています。

固定資産税は毎年1月1日に土地や家屋といった固定資産を所有している人に対して課せられ、固定資産を評価したうえで、その価格をもとに課税標準額を算定し、税率をかけて求められます。

この税率は1・4％が基本です。式にすると、次のようになります。

固定資産税の額＝評価額（課税標準額）×1・4％（標準税率）

つまり、評価額が大きければ大きいほど納税額は大きくなります。

そして、ここが大事なのですが、固定資産税には「土地」と「建物」の二つに対してかけられます。後述しますが、土地はいいとして、建物に課税する合理的な根拠はなく、またこんなことをやっているのは世界でも日本だけです。

まず、土地にかかる固定資産税ですが、200平方メートルまでを「小規模宅地」として、評価額の6分の1に課税されます。これを超える土地部分は「一般住宅用地」となり、課税対象額は評価額の3分の1になります。要するに、住むための土地は優遇されているのです。

たとえば、土地を2000万円で購入した場合、それを自治体が1500万円と評価したとしても、その1・4%が税額というわけではなく、6分の1〜3分の1に減税されるのです。この減額措置は、その土地が「住宅用地」である限りずっと続きます。

ところが、建物には減額措置に期限が設けられています。建物に対する固定資産税は「床面積の120平方メートルまでの部分」が2分の1になり、一般の木造一軒家の場合は、「新築後3年間」が減税措置期間です。マンションなど、地上3階建て以上の耐火構造、一定の準耐火構造のある建物は5年間となります。

このことを知らないと、戸建で3年目以降、マンションで5年目以降に一気に固定資産税が上がってあわてることになります。

また、固定資産税は各種税金のなかでも滞納が多い税金です。これは、建物評価額が景気変動を受けず一定に保たれているという、信じられないことが行われているからです。

固定資産税を払わない（滞納する）と、督促状が送られてきます。それでも払わないと、最終的に財産（預金、給与、住宅など）の差押えという措置が取られます。

サラリーマンの場合は会社に給与照会の調査が行われるので、その時点で会社が知るところとなります。滞納が続けば、会社に給与の「差押え通知書」が届きます。

住宅ローンは、支払いが終わればそれで終わりますが、固定資産税は住宅ローンが終わってもマイホームを保有する限り払い続けなければなりません。

外国人には理解しがたい建物への固定資産税

近年、中国人による「爆買い」が大きな話題になり、日本の不動産も数多く購入されるようになりました。しかし、彼らは投資のために物件を購入しているのであって、居住用に購入する例はほとんどありません。つまり、商業物件や転売益が出る高級マンションなどには手を出しますが、一般住宅や一般のマンションには興味を示さないのです。

つまり、メディアが大げさに「中国によって買い占められる」などというのは、ウソだと言ってもいいくらいです。

なぜ、中国人は居住用物件を買わないのでしょうか？

その最大の理由が税金の高さです。なかでも日本の固定資産税は、中国人ばかりかほかの外国人にとっても理解しがたい税金だと言っていいのです。

なぜなら、世界中で土地と建物を分けて固定資産税を課している国などほとんどないからです。日本で土地と建物を分け、土地を「流通価格」、建物を「再建築価格」として別々の課税基準を設けているのは、異常なことなのです。

なぜなら、土地に対する固定資産税の課税根拠が土地のキャピタルゲイン（売却益）にあるとしたら、建物にはそれがないからです。土地は値上がりすれば売却益が出ますが、建物は年を経ると減価してしまいます。

建物固定資産税の課税のもとになる評価額（課税標準額）は、前述した通り「再建築価格」です。これは、長年保有してきた建物でも、現在の相場で新築するといくらかかるか評価しています。この価格から経年減価されることになっていますが、実際には、鉄筋コンクリート造および鉄骨造の建物だとほとんど減価されません。その結果、たとえばマンションの建物固定資産税は、何年たっても新築のときとほとんど変わらないのです。

土地固定資産税の場合は、地価が下がれば課税標準も下がり、比例して税額も下がります。しかし、建物固定資産税は、その建物から得られる家賃収入が下落しても、課税標準の再建築費は下がらないのです。

つまり、市場価格が税額に反映されないのです。その価格をもし土地と建物に反映させて不動産を売り出したら、買い手がつかないでしょう。

このような課税は、他の国の人間には理解できません。アメリカの場合、土地と建物を一体とした「流通価値」を課税標準としています。土地と建物を分ける根拠がないからです。

また中国は、そもそも固定資産税がありませんでした。住宅の購入と売却における税金はあっても、保有に関わる税金がなかったのです。２０１１年にやっと「房産税」という固定資産税とも言える税金ができました。これは事業用と個人用で適用範囲や税額計算方法が異なりますが、日本のように評価額をもとに計算するものではありません。

さらに日本の固定資産税が異常なのは、その課税が「外形」という形で価格に対して適用されるということです。いくら借金があろうと税額は変わりません。住宅ローンの債務など、まったく考慮されないのです。

「応益税」と「応能税」という見方で考える

税は、「なぜ課税するのか」という理由によって、大きく「応益税」と「応能税」の2種類に分けられます。固定資産税は応益税に属する税金です。応益税とは、納税者の負担能力（つまり経済的事情）に関係なく、その人が行政上のさまざまなサービスから受ける恩恵の度合いに応じて、税金を負担させるというものです。

これに対して、応能税は法人の利益や個人の所得に課税されるもので、納税者の負担能力に応じて税金を負担させます。

したがって、応益税はモノの外形標準に課税されることになり、政府や自治体の行政サービスの便益を受けているということが、課税の根拠になるわけです。次が、この2種類の税金の主なものです。

「応益税」＝消費税、印紙税、固定資産税、自動車税、住民税（均等割）
「応能税」＝所得税、法人税、相続税、贈与税、住民税（所得割）

それでは、固定資産税が課される土地と建物は、応益税としてどんな行政サービスの便益を受けているのでしょうか？

土地の場合は、たとえば道路が建設されて便利になれば価格が上がります。逆に道路がない山林などには価格が付かないということがあります。つまり、地価は行政サービスの有無によって影響を受けるので、それに対して課税するという応益税としての根拠はあります。

しかし、建物に行政サービスがあるでしょうか。

建物の価値はその所有者の負担によってつくられるもので、これは設備投資のようなものであり、行政サービスとはまったく関係ありません。つまり投資なら、法人税や所得税のようにその収益に対して課税されるべきであって、ありもしない価値に対して課税されるのはおかしいのです。

ちなみに、政府は建物固定資産税の根拠を示していません。国税庁のサイトには、応益税と応能税の説明すら載っていません。

固定資産税によって地方の衰退が進む

現在の日本の税制は、第二次大戦後にアメリカから派遣された、カール・シャウプ博士らの勧告（シャウプ勧告）によってつくられました。このとき地方税制が改正され、いまの固定資産税ができたのです。

戦前の日本では、土地に対しては「地租」、建物に対しては「家屋税」が課されていました。そして、土地と家屋の賃貸価格を課税標準としていました。

これをシャウプ勧告が変えたのですが、なぜかアメリカ型の土地建物を一体とした「流通価値」を課税標準とせず、土地と建物を分けてしまったのです。

その後、固定資産税は地価の高騰により何度も改正され、課税標準の見直しや税額控除などが行われてきました。そして、１９９４年度の評価基準の告示で、土地も建物も同様に課税評価額が大幅に引き上げられたのです。これによって税負担が重くなり、地価のいっそうの下落を招くことになったのです。

前記したように固定資産税は地方税で、市町村の収入源です。とすれば、建物固定資産税のような理論評価額をもとに課税することは、固定収入の確保につながります。なぜなら、評価額はほとんど下がらず、一定だからです。バブル期に比べると地価はどんどん下がっているのに、建物固定資産税が下がることはありません。

固定資産税は全市町村税収入の４割以上を占めています。とすれば、これを下げることは、現在の厳しい自治体財政からいってできるはずがありません。

しかし、住民にとって固定資産税の負担はもう限度を超えています。また、固定資産税の負担が地価をさらに下げることにもつながっています。固定資産税が地方を衰退させる大きな要因になっているのです。

アベノミクスは「地方創生」を唱えています。しかし、税制まで踏み込んで改革しない限り、地方も日本も創生は無理です。このような状況のなかで、住宅ローンを組んでマイホームを購入することが、どんなにリスキーかは、言うまでもありません。

第7章　こんなに過酷な日本の所得税と相続税

日本の所得税は世界で考えても高い

どちらも国民が稼いだおカネ、持っている資産を奪っていくという意味で、「国家」と「泥棒」は同じようなものです。ただ、国家は法律によって、泥棒は暴力によって奪うので、その点は違います。

国家はおカネに対しては「所得税」などをかけて、資産に対しては「相続税」などをかけて奪っていきます。ところが、この奪い方は国家によって大きく違っています。

所得税で言えば、モナコやカタールのように所得税がない国、シンガポールやスイスのように所得税が低い国もあります。

相続税も同じで、スウェーデン、イタリア、オーストラリアのように相続税がない国があれば、アメリカのようにあっても基礎控除額が大きい国もあります。

では日本はどうかと言えば、この二つの税とも世界でもトップクラスの高さなのです。

そこで、この章では、所得税と相続税に絞って、なぜ日本の税金がここまで高くなってしまったのかを考えます。

いくらトランプ米大統領が保護主義的な政策を取ろうと、世界はグローバル化し、経済は一国単位では動かなくなっています。したがって、これまでのように各国が独自の税制

[図表26]所得税・住民税の負担水準の国際比較

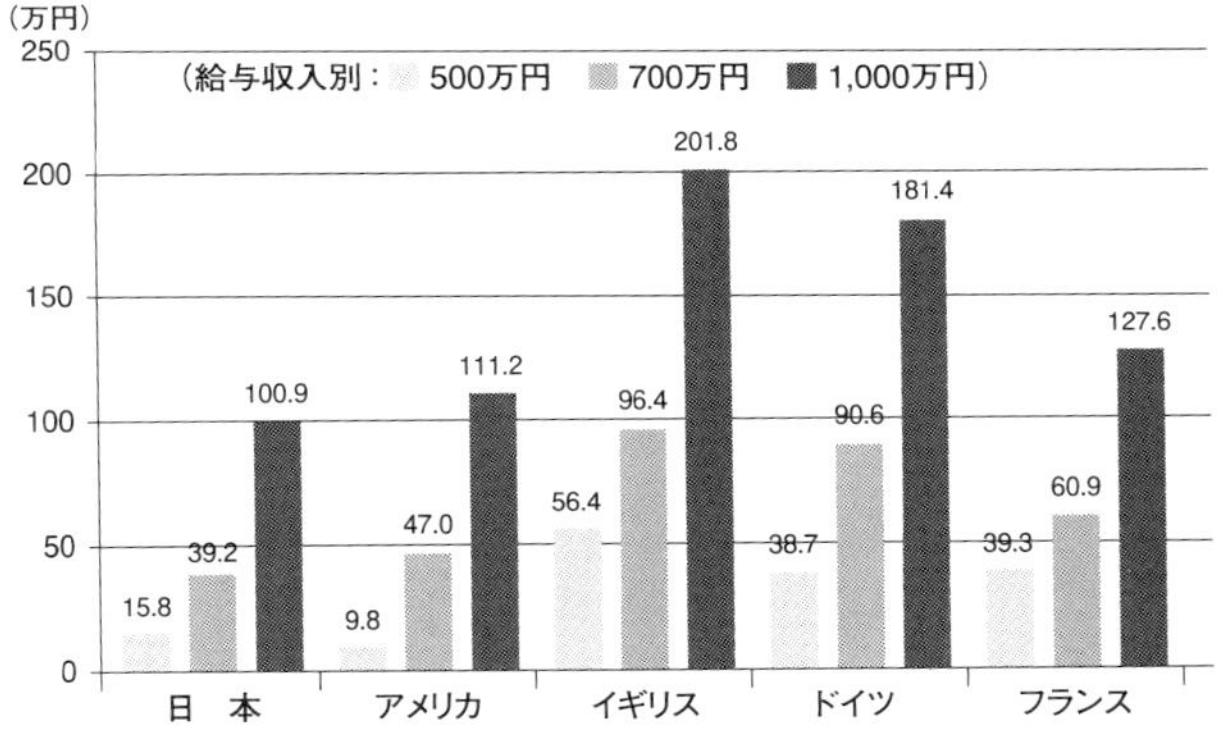

※日本については 2016 年分以降、諸外国については 2016 年 1 月現在
出典：国税庁ウェブサイト・税の学習コーナー）

を維持し続けることは難しい状況です。

なぜなら、富裕層にかぎらず、一般の人々も稼いだおカネ、守れる資産に関しては、居住国より少しでも有利な国・地域があれば、そこに移してしまうからです。

現在のグローバル経済においては、一国の事情だけで増税などできないのです。ところが日本は、財政の逼迫《ひっぱく》から増税路線を突っ走っています。その結果、所得税、相続税とも本当に高くなってしまいました。

では、どれほど高いのでしょうか？

上の［図表26］は、主要国の年収（給与収入）別の所得税・住民税の負担水準の国際比較です。

これだけを見ると、日本の所得税額は意外にも高くありません。年収１０００万円クラスを比較すると、イギリスは201・8万円で日本は100・9万円。なんとイギリスの半分です。

しかしこれは所得税だけの話で、ほかの税金なども比較したうえで、「はじめに」でも紹介した国民負担率の面から全体的に見なければなりません。イギリスの国民負担率は46・5％ですから、そういうなかで所得税が高いだけ、ということになります。つまり、それ以外の税負担が日本より低ければ、イギリスの税金が高いとは言えないわけです。

たとえばイギリスの相続税は一律40％で、控除も日本よりはるかに多く認められています。

所得税の最高税率で見ても、日本は世界でもっとも高いと言っていいくらいなのです。日本の最高税率は45％で、住民税10％と合わせるとなんと55％です。

年収1800万円以上は稼ぎ損!?

それでは、主要国の所得税・住民税の最高税率を高い順に見ていきます。

スペイン52％、イギリス50％、ドイツ、フランス、オーストラリア45％、アメリカ35％、カナダ29％――。どうでしょう？　日本の55％は高すぎると言えるのではないでしょうか。

[図表27]所得税の税率

課税される所得金額	税率	控除額
195万円以下	5%	0円
195万円を超え330万円以下	10%	97,500円
330万円を超え695万円以下	20%	427,500円
695万円を超え900万円以下	23%	636,000円
900万円を超え1,800万円以下	33%	1,536,000円
1,800万円を超え4,000万円以下	40%	2,796,000円
4,000万円超	45%	4,796,000円

※たとえば「課税される所得金額」が700万円の場合には、求める税額は次のようになります。
700万円×0.23-63万6,000円=97万4,000円
※（所得×所得税率－控除額）×2.1%の復興特別所得税が別途かかります。
※住民税の所得割が所得に対して10%かかります。
出典：国税庁ウェブサイト

ちなみにオフショアの国々（または地域）では、シンガポール20%、香港17%で、ケイマン諸島には所得税そのものがありません。また、ロシアは累進課税を廃止して一律13%のフラット課税です。

それでは、日本の所得税の現状を具体的に見ていきます。所得税は年収から各種控除を差し引いた「課税所得」に対してかかります。

日本では、所得が高い人ほど税率が高くなる「超過累進課税制度」を取っています。税率は「5%、10%、20%、23%、33%、40%、45%」の7段階。所得が多い人ほど税率が上がる仕組みです。

上の［図表27］が所得税の税率です。課税所得にこの税率を掛けると所得税の金額が決まります。たとえば、課税所得が195万円以下なら5%、195万円を超えて330万円以下は10%と税率が上がっていき、1800万円を

超えると40％、4000万円を超えると最高税率の45％が課せられるのです。なお、いずれもこれに住民税10％が加わります。

「金持ちなのだから、半分近く取り上げられて当然だ」という意見もありますが、課税所得1800万円超で40％（住民税と合わせて50％）は、いくらなんでも取りすぎではないでしょうか。サラリーマンでも、頑張ればこの年収に達することが可能だからです。

これはつまり、「サラリーマンは年収1800万円以下までにしておいたほうがいい。それ以上稼ぐとどんどん取り上げますよ」と国が言っているようなものです。

ここで、額面で年収2000万円に達したサラリーマンの所得税をざっと計算してみます。独身者と仮定して、社会保険料を年収比の目安である14・22％とします。

・年収2000万円の給与所得控除＝一律で245万円
・社会保険支払い料＝年収2000万円×14・22％≒284万円
・所得税の基礎控除＝38万円

以上を踏まえて、課税所得を出します。

・課税所得＝２０００万円－２４５万円（給与所得控除）－２８４万円（社会保険料）－38万円（基礎控除）≒１４３０万円

この１４３０万円に所得税率を適用して計算すると、

・所得税額：１４３０万円×33％－１５３・６万円（所得税の控除額）≒３１８万円
住民税額（所得割）：１４３０万円×10％≒１４３万円
復興特別所得税額：３１８万円×２・１％≒７万円

以上の３１８万円、１４３万円、７万円の合計が税額で、なんと、合計４６８万円も税金を払わなければならないのです。もちろん、まだ生命保険控除、医療費控除などがあればもう少し低くなるでしょうが、それでも金額は大して変わりません。

とすると、１年間の約４分の１、約３カ月間は税務署のために働いているようなもので、本人にとっては「タダ働き」ということになります。

[図表28]所得税の最高税率の推移

開始年	最高税率	課税所得額
1974年	75%	8,000万円
1984年	70%	8,000万円
1987年	60%	5,000万円
1989年	50%	2,000万円
1999年	37%	1,800万円
2007年	40%	1,800万円
2015年	45%	4,000万円

日本の所得税の最高税率は、2006年までは37%（課税所得1800万円超）でした。それが、2007年から40%（課税所得1800万円超）に引き上げられ、さらに2015年に45%（課税所得4000万円超）に引き上げられたのです。

そこで、過去の最高税率の推移を調べてみると、上の**[図表28]**のようになっています。

驚くべきは、過去にはなんと75%のときがあり、1980年代のバブル経済のときでも70%も取られていたことです。

日本が「世界でもっとも成功した社会主義国家」と揶揄されたのには、こうした税制にあったと言えます。このような税制では、個人が金持ちになることはほぼ無理だったからです。

そこで、1985年に年間1億円の所得があったとして税額を計算してみます。

当時の所得税の最高税率は70%で住民税は18%なので、合わせた税率はなんと88%に達します。当時の所得税は15段階の累進性で、最高税率は８０００万円を超えた部分にかかっていました。各種控除などを無視して計算してみると、所得税だけで約５６００万円も国に取られていたことになります。さらに、住民税を払うと手元には３０００万円も残りません。当時の日本において、１億円を稼ぐのは「してはいけないこと」であり、このように〝税による懲罰〟を受けたのです。

その後この重税は改められ、所得税の税率は下げられたものの、それがまた復活しつつあるというのが、いまの日本なのです。

じつは低所得者層にも厳しい日本の所得税

格差拡大を是正する大義名分として、「富裕層にもっと負担させるべきだ」という意見があります。「富裕層から取り上げた富を一般庶民、貧困層に分配しろ」というわけです。

じつは、日本の所得税は低所得者層に対してもかなり厳しいものになっています。「課税最低限」という所得税・住民税を払わなくていい最低限の所得を表す基準が、日本はかなり低いのです。つまり、生活が苦しい低所得者層でも税金を払っているのです。

財務省のサイトで『所得税の「課税最低限」及び「税額と一般的な給付の給付額が等しくなる給与収入」の国際比較』を見ると、夫婦子供２人（片働き、大学生、中学生）の課税最低限は、日本が285・4万円なのに対し、アメリカ477・2万円、イギリス218・0万円、ドイツ295・7万円、フランス672・2万円となっています。

これだけ見ると、日本の課税最低限はイギリス、ドイツ並みですから、ラインが高いアメリカ、フランスに比べれば低いとはいえ、それほどでもないのではと感じます。しかし、この財務省の統計には、ただし書きがたくさんあり、各国で条件を一定にできないことがわかります。

財務省はこうした国際比較を提示して、「日本の課税最低限は高い」と主張しているわけですが、国ごとに大きく違う制度を単純に比べることには無理があり、印象を恣意的に導いていると言われても反論できません。

そこで、購買力平価に置き換えた統計や低所得者向けの優遇税制などを加味し、実質的にはどうなのかと検証してみると、日本の現状はかなり厳しいと言えるのです。

たとえば、会社勤めの給与所得者で独身者の場合、その年収がいくらを超えると所得税が課税されるのかを考えてみます。すると、ここに「103万円のライン」があることがわかります。

もし年収が103万円だとすると、給与所得＝103万円－給与所得控除65万円＝38万

[図表29]国税・地方税の税目・内訳(平成28年度予算)

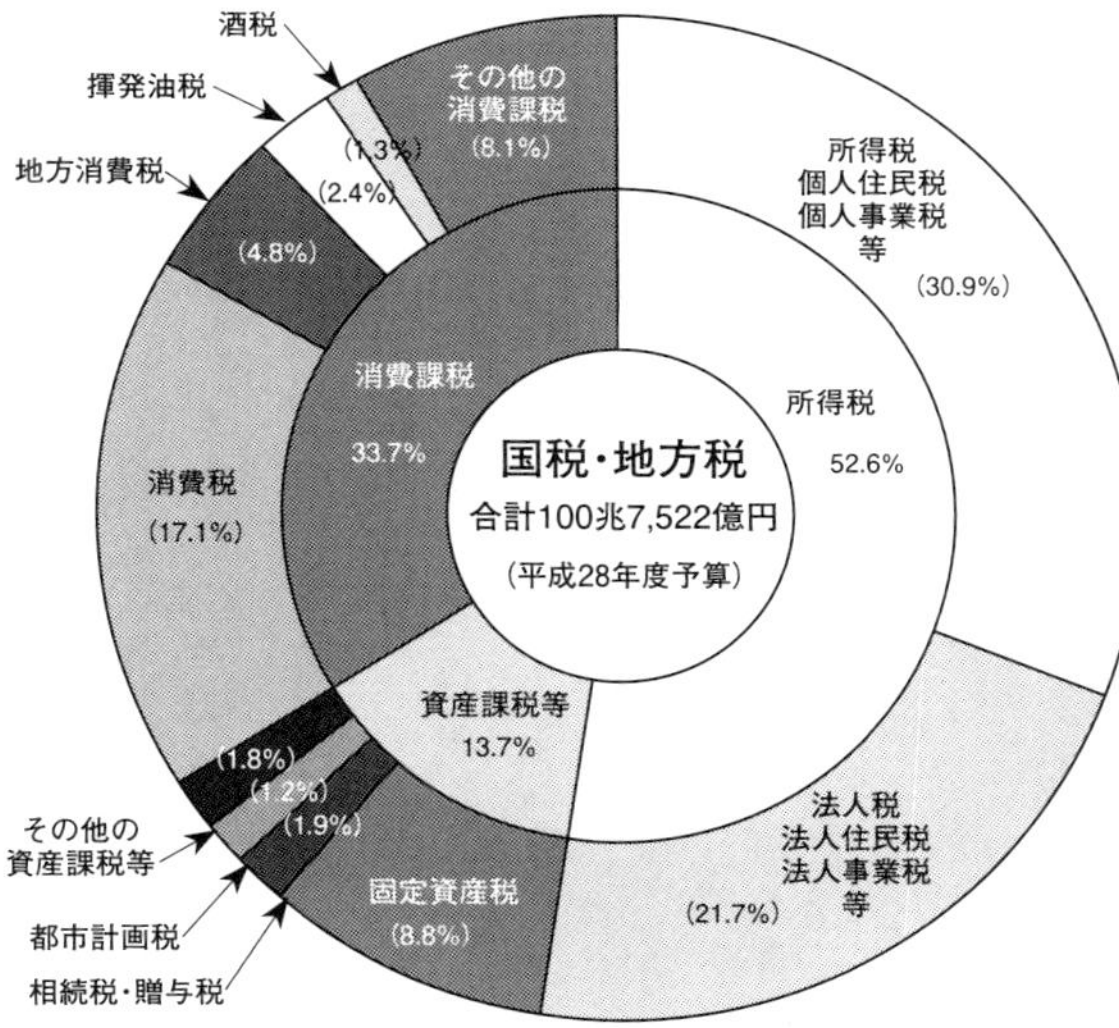

出典：財務省ウェブサイト「国税・地方税の税目・内訳」

円となり、この所得38万円から所得控除である基礎控除が38万円控除できるので、課税所得＝給与所得38万円－基礎控除38万円＝0で、所得税は課税されません。

つまり、年収が103万円を超えると、所得税の負担が発生することになります。しかし、年収100万円ほどでまともな暮らしができるでしょうか？

いずれにせよ、日本の所得税は上にも下にも厳しいという点でかなり歪んでいると言えます。

所得税（法人税を含む）というのは、国家にとって税収の半分を占める重要な税金です。前ページの［図表29］を見ていただければ、個人が納める所得税・住民税が、国にとっていかに重要かがわかるでしょう。

ただし、この所得税の５割は国民のなかのたった４％の人々が負担しているのです。

フラット課税にすると税収が増える

ここに一つの画期的な例があります。

ロシアでは２００１年から個人所得税の累進課税を廃止し、13％の「フラットタックス」が導入されました。お金持ちも貧乏人も、稼いだ所得からみな同じ13％を納めることになったのです。

その結果なにが起こったかというと、個人所得税の税収がなんと47％も上昇したのです。その翌年もまた税収が増えました。

もちろん、ロシアと日本では社会、文化に違いがあるとはいえ、このような〝公平〟な税制になると、人々は積極的に税を納めるようになったのです。

実際、ロシアでは脱税や手の込んだ節税が減りました。なんといっても、富裕層が脱税・節税することをやめ、「このくらいなら、余計なことをせずに払おう」と、きちんと税を納めたため税収が伸びたのです。

これは意味ある教訓で、日本でも導入を検討すべきだと私は考えています。日本では、企業から個人まで、それこそなんとか経費で落とせないかと領収書を集めまくっています。ともかくたくさん集めて、課税所得を減らそうと必死なのです。

さらに、第５章で述べたように、とくに富裕層は資産フライトに走ります。

しかし、フラットタックスならこういうことが減るのはもちろんのこと、富裕層の意識が変わります。国に対して、もっと積極的に支えていこうという気が起こるのです。

日本とは異なり、欧米諸国はキリスト教文化です。キリスト教には、自分の稼ぎの10分の１を感謝のために神に捧げる「什一献金」（tithing）という教えがあります。

これは、この世のすべてのものは神がつくったのだから、そこから得たもののせめて10分の１は戻しなさいという教えです。教会というのは、この「什一献金」の考え方で成り立っているのです。

つまり、税金もこの「什一献金」と同じ考え方で取るべきだというのがキリスト教社会の考え方なのです。収入の10分の１程度が人間にとって、もっとも社会貢献しやすい額で、これを無視して取れるだけ取ることは自然の摂理に反するというのです。

とくに、一般層や低所得層にいたるまで過大な課税をすると、かえって税収を減らす結果にもなりかねないのです。

これは、相続税にも言えることです。次項からは、相続税について考えていきます。

「基礎控除」の引き下げで〝庶民イジメ〟

所得税とともに過酷な課税となっているのが相続税です。日本の富裕層は、相続税の負担を少しでも少なくしようとさまざまな努力をしています。もちろん一般層も同じで、日本ほど相続税の節税スキームがきめ細かく存在する国は珍しいでしょう。

それについてはあとで説明するとして、まずは相続税の税率から見ていきます。

２０１５年１月１日から相続税の税率が引き上げられ、最高税率が55％になりました。また、基礎控除額の改正によって５０００万円だった定額控除が３０００万円と、なんと４割も引き下げられました。いずれも大幅な増税です。

次の【図表30】が、その改正のポイントのまとめです。

この改正のうち、基礎控除額の引き下げは、わずかな相続財産しか持たない一般層にも高額な相続税をかけるという点で〝庶民イジメ〟と言っていいものでした。また、相続税

[図表30]相続税増税(改正)のポイント

❶基礎控除の引き下げ

基礎控除額が縮小!

	改正前	改正後
定額控除	5,000万円 →	3,000万円
法定相続人の比例控除	1, 000万円× 法定相続人の数 →	600万円× 法定相続人の数

❷相続税率の区分が細分化され、最高税率もアップ

改正前			改正後		
課税標準	税率	控除額	課税標準	税率	控除額
1,000万円以下	10%	——	1,000万円以下	10%	——
3,000万円以下	15%	50万円	3,000万円以下	15%	50万円
5,000万円以下	20%	200万円	5,000万円以下	20%	200万円
1億円以下	30%	700万円	1億円以下	30%	700万円
3億円以下	40%	1,700万円	**2億円以下**	**40%**	**1,700万円**
3億円超	50%	4,700万円	**3億円以下**	**45%**	**2,700万円**
課税対象金額の刻みが小さくなり、最高税率もアップ			**6億円以下**	**50%**	**4,200万円**
			6億円超	**55%**	**7,200万円**

の納税義務が生じるかどうかは、基本的にこの基礎控除にかかっています。すなわち、受け継ぐ財産の額が基礎控除の額より大きい場合、相続税が発生するのです。

では、改正前と改正後で相続税がどうなったのかを比較してみます。親が死亡して相続が発生した場合、これまで基礎控除額の計算式は次のようになっていました。

基礎控除額＝5000万円＋1000万円
×法定相続人数

これをたとえば、日本の家族としてもっとも有名な「サザエさん一家（磯野家）」に当てはめてみると、もし家主の波平さんが亡くなった場合、波平さんの財産を受け継ぐ法定相続人は、配偶者のフネさん、子どもであるサザエさん、カツオ君、ワカメちゃんの計4人となります。そこで、この計算式にのっとって基礎控除額を出すと、「5000万円＋1000万円×4人＝9000万円」となります。

つまり、波平さんの遺産が家建物、現金預金、株などで合計9000万円を下回れば、サザエさんたちは相続税を払わなくていいわけです。

磯野家は東京世田谷区の桜新町にあり、サザエさん一家は約30坪の一戸建て住宅に住んでいるとされます。このあたりの地価を最近の相場から仮に80万円／㎡（坪単価約265万円）として計算すると、「265万円×30坪＝7950万円」となります。つまり、家だけだと9000万円以内に収まるので、相続税はかからないことになります。

しかし、増税後はこの条件でも相続税がかかることになったのです。改正後の相続税の基礎控除額の計算式は次の通りです。

基礎控除額＝3000万円＋600万円×法定相続人数

これで計算すると、磯野家の基礎控除額は「３０００万円＋６００万円×４人＝５４００万円」となり、改正前の９０００万円から大幅に減額されてしまいました。相続財産は７９５０万円ですから、５４００万円との差額２５５０万円に相続税を納める義務が生じるのです（ここまでの計算では、相続の形態や「小規模宅地等の特例」などの軽減策は考慮していません）。

この改正が〝庶民イジメ〟であることがわかったと思いますが、実際、改正後には土地の時価が高い東京、大阪、名古屋の都心部では、それまで相続税を納めなくてよかった多くの人に納付の義務が生じたのです。一戸建てに住んで１０００万円～２０００万円の預貯金があるだけで、相続税の課税対象になってしまったのですから。

配偶者からも相続税を取るという過酷さ

相続税には、所得税と同じように「課税最低限」という考え方があります。それを超えたら徴収するが、それ以下は取らないというラインのことです。

日本の場合、もともとこのラインは各国と比べて低く、相続税の対象者は財務省の試算によると約４％でした（亡くなった人全体に占める課税割合）。それが、２０１５年の改正で6％台になったと言われます。

日経新聞のサイトにある『世界の相続税事情は？「増税ニッポン」と比較』によると、主要国の課税最低限は次のようになっています。

アメリカ：6億5160万円、イギリス：6077万円、ドイツ：5400万円、日本：3600万円、フランス：1350万円（日本は法定相続人が1人、フランスは尊属及び子、ドイツは子の場合、1ドル＝120円、1ポンド＝187円、1ユーロ＝135円で計算）

課税最低限の金額だけでは一概に断定できませんが、これが高いか低いかで、各国の文化、伝統による税の考え方の違いが出てきます。

アメリカの場合、財産権は「自然権」（国家ができる以前から保有している不可侵の権利）という考え方が強く、連邦政府は高額な相続税を取りません。したがって、基礎控除は500万ドル（約6億円）と高く設定されています。

また、ドイツは日本よりやや高くなっていますが、配偶者（夫もしくは妻）が亡くなった場合、相続税は免除されます。これはドイツだけではなく、アメリカ、イギリス、フランスも同じです。夫婦が共同で築いた財産は、相続財産とは見なさないわけです。もちろん日本でも夫婦共同財産はあります。夫が働き、妻が専業主婦であった場合でも住宅などの資産は共同財産とされ、離婚時には分割されます。ところが、なぜか相続時にはこの考え方が適用されないのです。住宅の名義が夫名義になっていれば夫の相続財産とみなされ、遺産分割協議が必要になったり相続税が発生したりします。そのため、夫の死後、残された妻がその家に住めないというケースも出てきます。

このように、相続税に対する考え方は各国で違い、課税方式により、主に次の三つに分類されます。

【遺産取得課税方式】 ドイツ、フランスなどが実施している相続財産を取得した相続人が納税する方式。それぞれの相続人がいくら財産を相続したかによって税額を決定する。

【遺産課税方式】 アメリカ、イギリスなどが採用。相続人の人数や相続の割合などに関係なく、被相続人（相続財産を残して亡くなった人）の財産に着目して税額を決定。遺産税とされる。ただし、被相続人は亡くなっているため、遺言執行人などが被相続人の財産から支払う。被相続人の財産から税金を差し引き、残りの財産を相続人で分割する。

［法定相続分課税方式］ 日本など。遺産取得課税方式と遺産課税方式の併用型。双方のいいところ取りをした結果、複雑で、なおかつ過酷な課税になっている。

もともと、日本には相続税などありませんでしたが、1905年に日露戦争の戦費調達を目的として導入されたのです。そして、現在にいたる日本の相続税は、戦後の「シャウプ勧告」によりつくられました。

財閥や一部の富裕層に富が集中するのを防ぐために、財産の継承をできなくするような仕組みが取り入れられました。つまり、徹底的な民主化によって、かえって私有財産を認めない共産国のようなかたちになってしまったのです。

その結果、最高税率は1950年に90%にまで引き上げられました。その後、最高税率は段階的に引き下げられましたが、現在はまた逆コースを歩んでいます。

不動産購入で評価額を減らす

このような状況によって、相続税を少しでも減らすための対策を立てる人が増えましたが、よく言われることは、相続税対策に「三つの柱」があるということです。「生前贈与」「生命保険」「不動産」の三つです。

このうちの不動産が、数ある節税対策のなかで、日本でいちばんよく行われてきた相続税対策です。簡単に言うと、不動産購入によって課税される資産を圧縮してしまおうというのです。

相続税の節税は、財産そのものを減らすか、課税の目安となる評価額を下げるかという二つの方法しかありません。とすると、現金資産はそのまま課税されるので、それを不動産にしてしまおうというのです。

まず現金で不動産を購入し、それを賃貸に出します。そうすれば購入価格の３割ぐらいに評価額が下がります。不動産の場合、土地だと路線価の８割ぐらいにしか下がりませんが、建物の場合は評価額が３～４割になります。それを賃貸にすれば、評価額の７掛けになるというわけです。

こうして分譲マンションの一室を買い、それを賃貸に出すという節税手法が広く行われてきたのです。

その結果、１９８０年代のバブル期には、節税のための賃貸用マンションやアパートが雨後の筍のように建設されました。所有地が「借家権付土地」（貸家が建っている土地）になることで、評価額が大幅に下がります。

また、賃貸用物件を建設するために借り入れをすれば、その分を相続財産から差し引くことができます。そのため、銀行からお金を借りてまで、マンションやアパートを建設する土地所有者が多かったのです。

そう考えると、税のあり方一つで街の姿が変わってしまうのですから、税とは恐ろしいものです。

バブル崩壊後、こうした相続税対策は一時下火になりましたが、最近はまた復活してきています。

たとえば、タワーマンションを使った「タワマン節税」も、その一つ。税務当局は昔からこうした節税を目の敵にしてきましたが、最近タワマン節税にも規制強化の網が張られました。２０１６年の税制改正で、タワマンの高層階への課税が強化されたのです。とにかく、当局は国民が資産を持ち、それを増やそうとするところに網をかけるのです。

ですから、人が死んだら少しでも多くのお金を取りたてようとするのです。

相続税を廃止すれば国は豊かになる

相続税というのは、もともとその課税根拠が希薄な税金です。なぜなら、私たちは所得があればその一部を所得税という形で国に納めており、残った所得で資産を形成しています。

たとえば土地や建物を購入すれば、そのときに不動産収得税などを納め、さらに、毎年固定資産税を納めます。株や債券にしても、それから得られた利益に対してはキャピタルゲイン税を納めています。

こうしてさまざま税金を払って残った資産に、所有者が死んだという理由だけで課税するのが相続税です。これは、明らかに「二重課税」「三重課税」だと言えるのではないでしょうか。

実際のところ、アメリカの共和党は常に「相続税廃止論」を唱えており、トランプ大統領は「相続税を廃止する」と、選挙中に訴えてきました。

前述しましたが、いまや多くの国では相続税がありません。カナダとオーストラリアは１９７０年代に廃止。１９９２年にニュージーランドが続き、高福祉高負担で知られるスウェーデンも２００４年に相続税を廃止しています。

アジアの国でもタイ、マレーシア、ベトナム、インドネシアには相続税がありません。相続税があると、前述したように街の景観が変わる可能性があるばかりか、文化も継承されません。たとえば、美智子皇后のご実家である正田邸は相続税のために物納され、解体されて現在は公園になってしまいました。

高率の相続税が課せられるということは、世代を超えて富が蓄積されないことを意味します。結局は国家だけに富が集中し、民間は疲弊してしまうのです。

もし相続税がなければ、いまの日本が直面している多くの問題が解決します。たとえば、現在多くの中小企業が悩んでいる「事業継承」がスムーズに行えるようになるでしょう。また、解体が進む家族もその絆が深まることで元に戻り、少子化や老老介護などの問題も解決に向かう可能性があります。

さらに、公共事業や開発で破壊される歴史的な建造物や町並みも、後世に残すことが可能になります。

中国に、「苛政《かせい》は虎《とら》よりも猛《もう》なり」ということわざがあります。これは、重税を課す過酷な政治は人を食う虎よりも恐ろしいということです。

泰山の近くを通りかかった孔子は、墓に向かって泣いている婦人を見つけ、弟子の子貢を使って、なぜ泣いているのかと尋ねたのです。その婦人はこう言いました。

「私の舅は昔、虎に殺されました。夫も虎に殺されました。息子も虎に殺されました」

それで、孔子が婦人に「どうしてこの地を離れないのか」と訊くと、婦人はこう答えたのです。

「この地には重税がないのです」

第8章　サラリーマンにも節税策はある

最低限知っておきたいサラリーマン節税

この章では、重税国家へのささやかな抵抗として、サラリーマンができる「節税」について考えていきます。といっても、サラリーマンができる節税は限られていて、「裏技」のようなものはありません。

まず挙げられるのは各種の控除です。列記していくと、一番目が「給与所得控除」。これは、所得税のところで述べたように、どんなに収入が少なくても最低65万円が課税対象額から差し引かれます。二番目が「生命保険料控除」。民間の生命保険や医療保険、介護保険、個人年金保険に入っていれば、勤務先の年末調整で手続きをすることで税金が戻ってきます。

三番目が「扶養控除」。16歳以上の家族・親族と生計を共にしていて、その人の合計所得金額が38万円以下であれば扶養控除が受けられます。必ずしも同居の必要はなく、下宿している子ども、別に暮らしている親でも対象になります。

四番目が「医療費控除」。年間10万円以上（年収311万6000円未満なら10万円以下でも可）の医療費を払った場合、確定申告をすれば払いすぎた税金分が戻ります。五番目が「住宅ローン控除」。これは第6章で詳述しましたが、1年目に確定申告をしておけば、2

年目以降は勤務先の年末調整で税金が控除されます。

そして、六番目が「特定支出控除」。これは、サラリーマンでも自営業者と同じように、仕事に必要とされる経費が一定額を超えた場合、払いすぎた税金を取り戻せるという制度です。

これらはほぼ誰もが知っているはずですが、六番目の「特定支出控除」は比較的新しいものなので、次に詳述します。

そして、最近、制度化された「確定拠出年金（４０１ｋ）」による節税、「ふるさと納税」による節税を見ていき、最後に「確定申告」について、そこでどのように税金を取り戻せるかを述べていきます。

「特定支出控除」は本当におトクなのか？

「特定支出控除」は、２０１３年に所得控除の縮小と抱き合わせで改正され、控除の対象が広がったことで、俄然注目を浴びるようになりました。

この制度は、実際に使った必要経費が「給与所得控除額の半分」を超えれば、その超えた額を所得控除として認めるというものです。

[図表31] 年収別給与所得控除額

給与等の収入金額 (給与所得の源泉徴収票の支払金額)	給与所得控除額
180万円以下	収入金額×40% ※収入が65万円未満の場合65万円
180万円超　360万円以下	収入金額×30%＋18万円
360万円超　660万円以下	収入金額×20%＋54万円
660万円超　1,000万円以下	収入金額×10%＋120万円
1,000万円超　1,2000万円以下	収入金額×5%＋170万円
1,200万円超	230万円(上限)

上の**[図表31]**にある年収別の給与所得控除額の半分を「特定の支出」が超えれば、特定支出控除を受けることができます。ただし、年収が1500万円を超える場合は125万円を超えた場合に限られます。

では、どんなものが必要経費として認められるのでしょうか?

次の**[図表32]**は特定支出控除の仕組みの概念図ですが、図表の左側が認められる必要経費の項目です。改正前は、図表の左側にある「帰宅旅費」(単身赴任時)、「資格取得費」、「研修費」、「転居費」、「通勤費」しか必要経費として認められませんでしたが、改正後はかなりのものまで範囲が拡大されるようになりました。

それが、図表の左側にある項目のいちばん上にある「図書費」(書籍・定期刊行物の購入費用)、「衣服費」(制服・事務服・作業服その他の勤務場所において着用することが必要とされる衣服費)、「交際費」(得意先や仕入先への接待費・交際費・贈答費)です。

このうち、交際費や接待費が認められたのは、とくに営業系の

[図表32]特定支出控除の仕組み

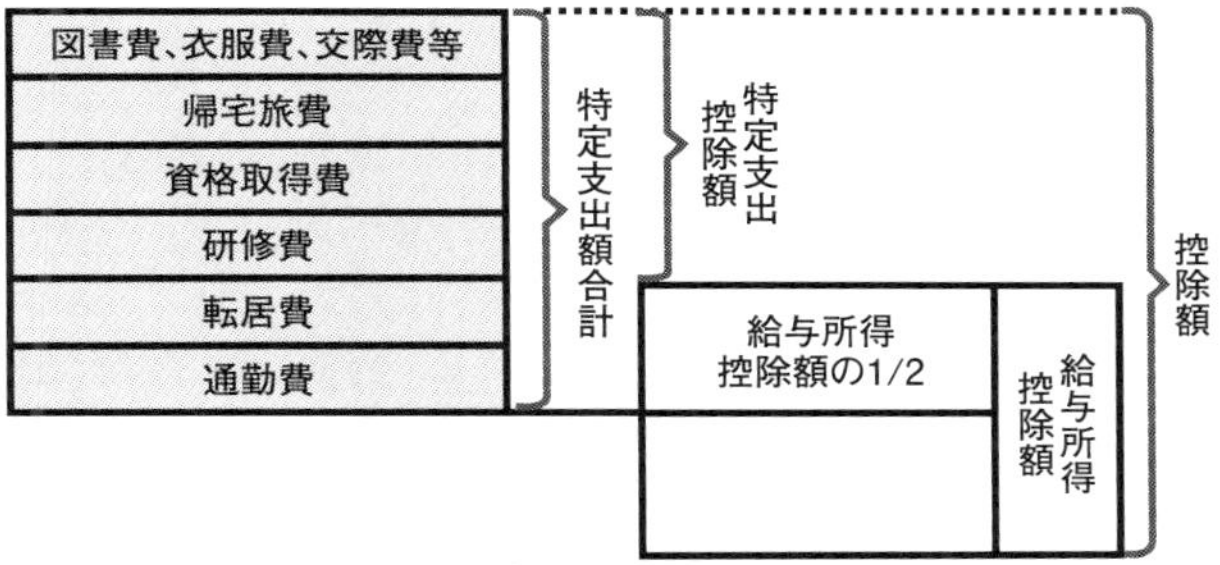

サラリーマンなどには朗報でした。しかし、合計で最大65万円までなので、節税できるといってもたかが知れてはいます。

では、年収５００万円の場合を想定してみましょう。この場合、給与所得控除額は１５４万円（５００万円×20%＋54万円＝１５４万円：[図表31] 参照）です。したがって、１５４万円の半分（１５４万円÷２＝77万円）、つまり年間で77万円を超えれば特定支出控除が使えることになります。

とすると、年間に特定の支出が１００万円あるとすれば、23万円の特定支出控除（１００万円－77万円＝23万円）が受けられるわけです。同じように、年収３００万円なら54万円、４００万円なら67万円を超える分に関しては控除が可能になります。

しかし、支払った所得税のうちどれくらい戻るか計算したところ（細かい計算なので式は省略）、いずれも2万円前後でした。

年収500万円を超えるとどうなるでしょう。たとえば年収800万円を超えると給与所得控除の2分の1が100万円になります。とすると、必要経費が100万円なら所得税はまったく減らないことになってしまいます。

しかも、特定支出控除を受けるには確定申告が必要で、そのときに領収書と給与支払者の印鑑が必要になります。

つまり、会社から「これは会社が認めた支出です」というお墨付きをもらってこないと、控除を受けられないわけです。

結局、かなり面倒なうえに、わずかな金額しか得られないことがわかったかと思います。つまり、特定支出控除とは、サラリーマンを思いやっているというポーズだけの、中身のない制度だと言えるのです。

サラリーマン法人にメリットはあるか

特定支出控除の拡大により、必要経費の範囲が広くなりました。それで、いっそのこと経費がもっと認められる「法人」になったほうがいいのではないかと考え、それを実行するサラリーマンが増えました。

　これは、会社に勤めたまま自分が法人（会社）になってしまう、いわゆる「サラリーマン法人」で、究極の節税術だというのです。そうすれば給料は業務委託費ということになったり、妻を自社の社員にしたりする節税が可能になります。また会社側にとっても、保険料の半額負担分の削減や消費税の軽減など、メリットは大きいというのです。

　しかし、私の知人の税理士は、次のように言っています。

「結論から言ってしまうと、高給サラリーマンを除いて、あまり意味がありません。副業の延長と考えているならやめたほうがいい。私は勧めません。なにしろ、勤務先の会社に雇用契約から業務委託契約へ切り替えてもらわなければなりません。それによって、会社は社会保険負担や退職金負担などがなくなるので歓迎するかもしれませんが、それはオモテ向き。業務委託になれば、業績が下がったらいつでも切ることができます。

　それに、法人にするには設立費用がかかります。さらに、サラリーマン時代にはなかった毎月帳簿をつける、請求書を書く、年に一度決算書を作成して申告するなどの実務も増えます。もしこれを税理士に依頼すれば、最低でも20万円は取られます。

　もちろん、自分の給料を役員報酬にするので、使えるお金は増えて節税もできますが、それと引き換えに退職金や福利厚生がなくなり、年金は最低額しかもらえません」

たとえば、年収600万円のサラリーマン（妻と子ども1人）の場合、税金と社会保険費用の負担はだいたい100万円。これに対して、同じ売り上げの法人をつくると、設立費用を除いた年間の税負担は約20万円安くなるだけだといいます。

したがって、年収が1500万円以上で、将来独立を考えているような人間以外にはおすすめできないやり方だと、彼は言うのです。

「確定拠出年金」には所得税がかからない

2016年5月に「確定拠出年金法（DC法）」の改正案が成立し、2017年1月から施行されました。これによって、これまで主に自営業の人たちと企業年金制度のない会社に勤めているサラリーマンに限定されていた利用範囲が拡大し、ほぼ誰でも確定拠出年金に加入できるようになりました。

確定拠出年金とは、加入者が自ら運用する年金です。

国民年金、厚生年金などの公的年金、あるいはそのほかの企業年金（各企業が独自に用意している年金。厚生年金基金など）のように、将来もらえる年金額がある程度決まってい

［図表33］課税所得別の節税額比較（個人型確定拠出年金）

	課税所得（括弧内は年収換算）		
	150万円 （500万円弱）	300万円 （700万円弱）	500万円 （1,000万円弱）
年12万円 （毎月1万円）	1万8,000円	2万4,000円	3万6,000円
年27万6,000円 （会社員の上限額） を拠出したケース	4万1,400円	5万5,200円	8万2,800円
年81万6,000円 （自営業者の上限額） を拠出したケース	12万2,400円	16万3,200円	24万4,800円

※節税額は所得税・住民税の合計で概算。年収換算は便宜的に妻と子１人の会社員を想定

るものは、「確定給付年金」と呼ばれています。これに対して、確定拠出年金は自分で拠出額を決めて運用先を選びます。その成績によって、将来の年金受取額が決まります。

確定拠出年金には、「個人型」と「企業型」があります。

このうち、個人型確定拠出年金の最大のメリットは、拠出した掛け金に所得税がかからないこと。つまり、所得税額を計算するときに、収入から拠出金を差し引くことができるのです。

上の［図表33］は、どれくらいの額が節税できるかを課税所得別に比較したものです。見ればわかるように、掛け金が大きいほど、また所得が高いほど節税額は増えていきます。

では、課税所得が５００万円の人で見てみます。サラリーマンの場合、個人型確定拠出年金で積み立てられる掛金の上限は年間27万６０００円なので、仮にこの上限いっぱ

いを積み立てた場合、その全額が「所得控除」され、戻ってくる税金の額は年間8万2800円になります。これを仮に30年間続ければ、総額248万4000円になります。

これはサラリーマンの場合ですが、もし自営業者であれば掛け金の上限額は年間81万6000円になるので、戻ってくる税金の額はなんと年間24万4800円。30年間なら734万4000円になります。これはかなりのメリットです。

加入したら60歳まで解約できない

このように、個人型確定拠出年金には大きなメリットがありますが、メリットはこれだけではありません。まず、運用中に得られた利息や利益に対して一切課税されません。「NISA」（少額投資非課税制度）の場合も同じ措置がありますが、その期間は5年間で、元本は年120万円までです。また、NISAが株式や投資信託などの投資性商品しか利用できないのに対して、個人型確定拠出年金は定期預金や保険といった元本保証型の商品で運用することもできます。

したがって、老後資金をつくるのにもっともおトクな方法だとメディアは喧伝しています。

確定拠出年金の加入者は２０１６年末時点で約５８０万人、導入している企業は２万２５７４社でした。これが新制度開始以来、毎月数万人単位で加入者が増えています。

しかし、メリットがあればもちろんデメリットもあります。そして、確定拠出年金を投資商品として見た場合、このデメリットはかなり致命的です。まず、一度加入すると原則的に解約できないことです。家計が苦しいなどの理由で拠出金を払えなくなった場合、引き落としを一時停止することしかできないのです。そうした場合でも、毎月数十円～数百円の維持手数料がかかります。

さらに、60歳までは掛け金を引き出せません。つまり、その間の経済変動のリスクに対処できないのです。いかなる年金も同じですが、将来受け取るとき、その価値がどうなっているかはわかりません。

そうしたリスクを考慮してか、60歳以上で引き出すときにも優遇措置が用意されています。引き出しが一時金なら退職所得控除が受けられ、年金なら公的年金等控除が受けられるのです。しかし、これは何十年も先の話で、それがメリットであるかどうかも不明です。

個人型確定拠出年金は、自分で銀行や証券会社などの運営管理機関に申し込むことになっています。これらの運営管理機関は約１５０あり、人気はやはり投資信託です。しかし、日本で販売されている投資信託はパフォーマンスが悪いので、運用するならインデックス型の世界株式や債券投資がもっともリスクが少ないと考えられます。

しかし、そうするなら解約できない個人型確定拠出年金を利用するより、自分で運用したほうがマシでしょう。

いずれにしても運用は「自己責任」です。

「ふるさと納税」の人気とその仕組み

ふるさと納税もサラリーマンの節税術として人気です。この制度はいまやすっかり定着し、多くのサラリーマンが利用しています。ふるさと納税と言うからには、自分が生まれ育った「ふるさと」を助けるために寄付をし、その結果ふるさとの名産品などをもらえたうえに、寄付控除を受けられる。このように思いがちですが、寄付先の制限はありません。

ふるさと納税制度は2008年に始まりました。きっかけは、菅義偉《すがよしひで》総務相（当時）が「故郷に恩返ししたい人がいる」と提案したことによると言いますが、そんな趣旨とは離れ、いまや自治体同士の税金獲得競争になっています。

仕組みは単純です。

自分が応援したい自治体に寄付をすると、寄付金から２０００円を引いた額が寄付者の所得税と個人住民税から控除される。これだけです。寄付金額に応じて本来支払うべき税金が軽減されるので、寄付者の実質的な負担額は２０００円となります。そのうえで、寄付した自治体から「返礼品」という名目で特産物が届きます。実質２０００円でさまざまな返礼品がもらえるという「おトク感」が、この制度の人気を支えています。

地方自治体はふるさと納税の額を増やすために、返礼品の充実にしのぎを削ったため、寄付金に対して破格の返礼品が提供されるようになりました。なかには、１０００万円の寄付に７５０万円の宅地を贈ろうとする自治体まで出現しました（これはさすがに総務省からの指摘で待ったがかかりました）。専門サイトも立ち上がり、いまや人気はすっかり定着しています。

では、具体的に見てみましょう。

仮に1万円をふるさと納税したとすると、前記したように、所得税と個人住民税が合計で８０００円控除されます。つまり負担増は２０００円なので、仮に５０００円相当の返礼品がもらえたとすれば、寄付者は３０００円分トクした計算になるわけです。

ただし、控除された税金は、その年の所得税の還付と翌年度の住民税から差し引かれるので、その分のタイムラグがあります。また、寄付には限度額が設定されています。税額控除の目安は住民税の20％で、仮に年収６００万円のサラリーマンで妻と子ども２人がいる場合、住民税はおよそ10万円ですから、限度額は２万円です。

とはいえ、寄付先は一カ所ではなく、限度額内であれば何カ所でもいいのです。したがって、食料品や生活用品などの特産品を少しでも安く手に入れたければ、毎年寄付を乱発することになるわけです。

ここで大きな疑問が湧きます。寄付者は税金控除の恩恵を受けていますが、その恩恵を支える負担者は誰なのでしょうか？

国と納税者のいる自治体がソンをする

ふるさと納税は、地方創生の切り札であるかのようにメディアで扱われています。しかし、その効果には疑問があるばかりか、マイナスの効果も発生させています。

たとえば、ふるさと納税をしている人の多くは特産品、つまり返礼品目当てです。そのため、破格の値段で返礼品として特産物を出している自治体が多いのですが、これは市場を無視した価格破壊であり、その特産物が正規の競争力を持つことにつながるわけではありません。つまり、税制優遇というプレミアムがついているから売れている（ように見える）だけなのです。

しかも、こうした特産品を自治体に納入する業者は潤いますが、それ以外の業者は蚊帳の外となり、結果的に地元産業の競争力を弱め、かえって地方経済を衰退させてしまうでしょう。

さらに、ふるさと納税をされる自治体はいいのですが、する側の住民が多くいる自治体は税収が低下します。

たとえば静岡県富士市では、２０１４年のふるさと納税で入ってくる額より出て行く額が上回り、差し引き２００万円の赤字を記録してしまったそうです。また、返礼品の人気によって納税額が変わるため、ひとたび人気が落ちれば、税収がガクッと減ることになります。

そこでふるさと納税を大きな枠組みで捉えると、話はまったく変わってきます。

ふるさと納税を簡単に言うと、ふるさと納税をする納税者、それを受け取る自治体、そして返礼品を自治体に納入する地元業者の三者で主に成り立っています。

実際のところ、この三者ともトクできるのですが、じつはその外側にソンをしているところがあるのです。

すでに述べたように、ふるさと納税をする人が多い自治体は税収の低下を招いています。そして、じつは国もまたソンをしているのです。

ということは、ある一部の人たちが受益者となっているだけで、国民全体ではソンをしているということになります。

では、これを次のようなケースで説明してみます。

A自治体に住む人がB自治体に1万円のふるさと納税をして、価格6000円の特産品である高級牛肉を返礼品として受け取るというケースです。この際、おカネの流れはどうなっているのでしょうか?

・A自治体に住む人が1万円をふるさと納税すると8000円分が控除されます。つまり、実質負担2000円で6000円の高級牛肉を得られるので、4000円のトクになります。

・ふるさと納税を受けたB自治体は、ふるさと納税額1万円と高級牛肉6000円の差額の4000円がトクになります（事務経費、発送経費はここでは無視）。

・高級牛肉をＢ自治体に納入している業者は、Ｂ自治体から６０００円で発注を受けますが、仮に原価が５０００円なら１０００円のトクになります。
・Ａ自治体はふるさと納税をした人の住民税を８０００円減税します。これだとＡ自治体は８０００円を丸々ソンすることになりますが、じつは６０００円分は国からの地方交付税で補われるので、差し引き２０００円のソンです。
・結局、国の地方交付税特別会計は６０００円のソンになります。

これでおわかりだと思いますが、この制度は目端の利く一部の国民だけがトクをするという制度にすぎないのです。

確定申告で税金を取り戻せるケース

ここまで、なんともやりきれない節税策について見てきましたが、サラリーマンの節税の仕上げは、やはり確定申告です。サラリーマンの場合、基本的に確定申告は不要ですが、医療費控除や住宅ローン控除を受ける場合には必要です。

しかし、じつは控除はそれだけではありません。どんな場合に確定申告をすれば税金の還付が受けられるのでしょうか？

「確定申告をしたほうがいい人」について、次にまとめて示します。

［確定申告をしたほうがいい人］

○年末調整関連：年末調整で生命保険料控除や住宅ローン控除などしなかった人。年末調整後に子供が生まれた人（扶養控除が適用できる）。年末調整後に結婚した人（年末調整後に結婚して扶養家族が増えたなら、扶養控除が適用できる）。

○副収入があった場合：収入が20万円以下だった人（必要経費が認められるため、源泉徴収された税金の一部を取り戻せることがある）。

○住宅ローン、マイホーム関連：住宅ローン控除を受けた場合、初回は確定申告が必要（2年目からは年末調整で処理）。住宅ローンを組んで、増改築した人。住宅ローンを組んで、特定のリフォームをした人。耐震工事をした人。マイホームを売って利益が出た人（利益には通常、税金がかけられるが、「3000万円の特別控除の特例」や「軽減税率の特例」で税金を少なく抑えることができる）。住宅ローンの残るマイホームを売って、損失が出た人（損失を給与所得などと「損益通算＝相殺すること」ができる）。

○医療費関連：家族全員分の医療費が所得の５％（所得が２００万円以上の場合は10万円）を超えた人。
○株式の売買：株式投資で20万円を超える利益が出た人（確定申告の義務あり）。株式投資で損失が出た人（損失分を、株式や株式投信の売買で得た利益、申告分離課税を選択した株式等の配当所得などと損益通算できる）。株の配当金をもらった人（源泉徴収されているので、原則、確定申告は不要だが、確定申告をすると配当控除が受けられる可能性が）。
○退職関連：年の途中で退職して再就職していない人（年末調整が行われていないので、その分、確定申告で調整できる）。退職金をもらった人（給与所得よりも有利な「退職所得」としての税額計算ができる）。
○災害や盗難：泥棒に入られた人（雑損控除。家や家財の損失の一部を、収入から控除できる）。自然災害で被害にあった人（雑損控除か、災害減免法による所得税の軽減・免除措置の、いずれかを選択）。

ただし、次に該当する人は確定申告をすることが義務付けられています。

【確定申告をしなければならない人】

○給与収入が2000万円以上の人。

○2カ所以上から給与をもらっている人（ただし、メインの給与以外の給与収入と、給与・退職所得以外の所得の合計が20万円以下なら、確定申告しなくてもよい。また、収入全体が少ない場合など確定申告しなくてもいいケースもあり）。

○副業など、給与所得以外の所得が20万円超あった人。

○災害にあって、「災害減免法」による源泉所得税の猶予や免除を受けている人。

「副業」で得た収入の申告はどうする？

確定申告のとき、多くのサラリーマンが悩むのが副業収入でしょう。給料が上がらないこの時代、副業をしているサラリーマンも多いので、最後にこの問題を、前出の税理士に解説してもらって、この章を閉じることにします。

「副業サラリーマンのみなさんがよく勘違いするのは、1年間で20万円を超えたら確定申告が必要、以下なら不要という規定です。収入が20万円を超えたら申告しなければならないと思っている人が意外に多いんです。

しかし、副業にも必要経費が認められています。したがって、副収入が20万円を超えても、必要経費を差し引いた残りが20万円以下であれば、原則として確定申告は不要となります」

サラリーマンの副業として最近多いのが、ネットを使ったビジネスです。ネットでアフィリエイトをやったり、ネットオークションなどに出品したりして稼ぐパターンです。クラウドソーシングに登録して、仕事を請け負っているサラリーマンもいます。

このような場合、ＰＣの購入費、プロバイダ料金や通信費、レンタルサーバー代、資料用書籍代、セミナー参加費、交通費などが必要経費にできます。また、打ち合わせでかかった飲食代や自宅の一室を仕事部屋にしている場合の家賃・光熱費も一部経費に計上することができるといいます。

「ただ、ネットオークションやフリーマーケットで得た収入は、原則課税されません。したがって、確定申告は不要です。ただし、１つの商品が30万円以上で売れた場合、それが絵画や骨とう品などだと課税対象になります。また、品物を仕入れて売った場合は、これは商売と認定されるため課税されます」

では、副業で赤字が出た場合はどうしたらいいのでしょうか？　一般的には、給与所得と損益通算していいはずですが、これはできないそうです。

「通算損益できるのは、『事業所得』だけです。副業の場合は、たいてい『雑所得』とされるので難しいのです。事業所得と認められるためには、継続的にその事業を行い、利益追求をしたうえで、社会的に認められていることが必要になるからです」

サラリーマンの副業の場合、よく問題になるのが、副業を会社がＯＫしているかどうかということ。もし、会社に内緒で副業をしていると、確定申告をして所得が増減すると住民税の金額が変わり、会社に通知が行くためバレてしまう可能性があります。

「そうしたケースでは、通知が届かないようにするために、住民税の納税方法を『特別徴収』（勤務先が本人に代わって納税する）ではなく『普通徴収』（本人が直接納税する）に変える方法があります。しかし、それを申し出た時点で、会社から理由を聞かれるでしょう」

本業と副業、そして税金。重税国家の下で、サラリーマンが節税する方法は、でき上がった制度をなんとか上手に使うほかないのです。

第9章　「インフレ税」で吹き飛ぶ資産

マイナンバー制度が重税国家を加速させる

日本国民で、この国に真面目に納税している人なら誰もが、「このままで日本は大丈夫なのだろうか？」と思っているのではないでしょうか。

政府は年々借金を増やし続けており、税金もどんどん上がっています。このままでは、借金も増税もできない「限界点」がやってくるのは間違いありません。

しかし、この問題は常に「先送り」されています。そして、とりあえずできる目先の政策だけで政府は動いています。

そんななか、２０１６年にスタートしたのが、「マイナンバー制度」です。課税する側から見ると、この制度は〝打ち出の小槌〟を手に入れたようなものです。なぜなら、国民の所得と資産が完全に把握できてしまうからです。

私たちにはプライバシーがあります。プライバシーとは、つまり「人に知られたくないこと」。最近では、個人情報の保護がやたらと言われていることからもわかるとおり、固有の権利として法的に認められています。

しかし、現在のネット社会でプライバシーが完全に守られることはありえません。私たち一人ひとりはマイナンバーによって数値に置き換えられており、数値であるがゆえにプライバシーが与えられていないのです。個人の思想信条なども保護されるべきプライバシーとして重要ですが、これは情報として数値化できません。しかし、所得、資産などに関する情報はすべて数値化できます。となると、マイナンバーによって、こちらが申告しなくとも、税務当局は国民の所得、資産をすべて把握できるのです。つまり、マイナンバー制度というのは、重税国家路線をいっそう加速させてしまうのです。

そのため、制度発足以前から、一部メディアから「マイナンバー制度は将来の資産税への布石」と指摘されていました。「資産税」とは、文字通り、資産があるだけで課税されてしまうという税金です。

まったく恐ろしい税金ですが、国が目論んでいる税金はこれだけではありません。「貯蓄税」「支出税」などという聞きなれない名前の税金も挙がっています。

これらについてはこの後、詳述しますが、その前に、この国の税収と借金について考察します。

もうどうやっても借金を返済するのは不可能

次の［図表34］は、ここ30年余りの国の税収（一般会計税収）の推移グラフです。

[図表34]一般会計税収の推移

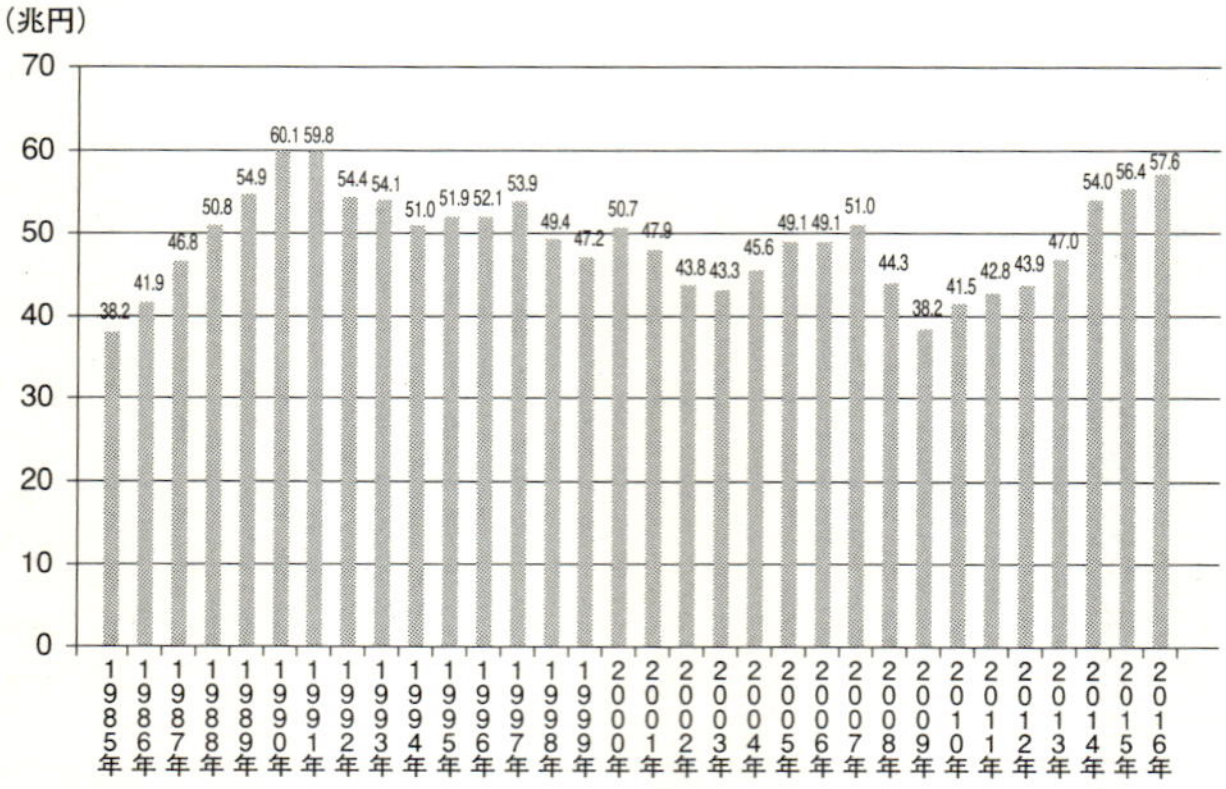

出典：財務省「一般会計税収の推移」

このグラフからは、国の税収は景気変動や減税・増税があったにもかかわらず、大きくは変動していないことがわかります。ピークはバブル経済最後の年、１９９０年の60・１兆円ですが、消費税を８%にした後の２０１５年は56・４兆円でそれほど変わっていません。この30年あまり、日本がほとんど成長しなかったことがこれではっきりします。

景気がよかった１９８０年代は毎年、税収が伸びましたが、１９９０年以降は減るか横ばいです。

それでは、このグラフと**[図表35]**の国債残高の累増のグラフを比べてみましょう。国債残高は国の借金であり、その額は２０１６年末時点で約８３８兆円、国民１人当たり約６６４万

[図表35]国債残高の累増

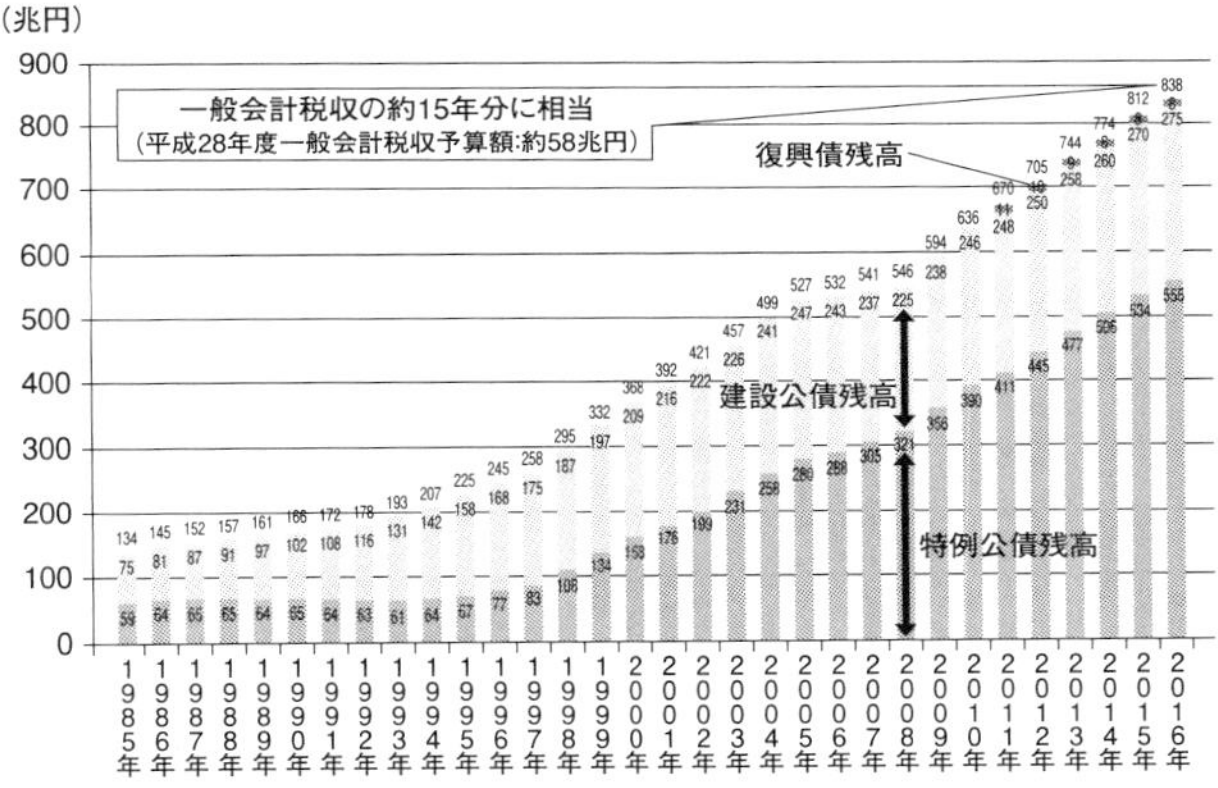

出典：財務省「日本の財政を考える」

円です。この借金は、「一般会計税収の15年分に相当します」と、財務省のウェブサイトにわざわざ書かれています。財務省はよほどこのことをアピールしたいのでしょう。しかし、これは借金を15年で返せるという意味ではありません。

なぜなら、税収は社会保障費、公共事業費、防衛費などに充当され、借金とその金利を払うための「国債費」（国債の元利払いに充てられる費用）は、約24兆円しか確保されていないからです。ということは、借金を返すには838兆円÷24兆円＝34・9ですから、単純計算でも35年かかるということです。

しかし、これは借金額がこれ以上増えないとした場合です。日本政府は毎年、借金をしています。2016年度は、約34兆円もの国債を発行しています。つまり、返済額より借金額が上回っているわけで、これではどうやっても返済など不可能です。

財務省が言う「国債残高が一般会計税収の15年分」などという数字は、まったく無意味だということです。

日銀が行っている「財政ファイナンス」

増え続ける政府の借金を支えているのが、日本の場合、民間ではなく中央銀行である日銀です。日銀は「異次元緩和」（黒田バズーカ砲）の発令以後、毎年80兆円もの国債を買い続け、政府に資金を提供してきました。

その結果、なにが起こったのでしょうか？

当然の結果ですが、国債全体の発行残高のうち、日銀の保有する国債の占める割合がどんどん増え続けました。2017年1月末時点で358兆円にもなり、なんと4割を超えてしまったのです。

先の**［図表35］**で示したように、2016年末時点で国債発行残高は800兆円を超え、2017年1月末には894兆円に達しました。このうちの40・1%を日銀が所有してい

[図表36]日銀の国債保有残高の推移

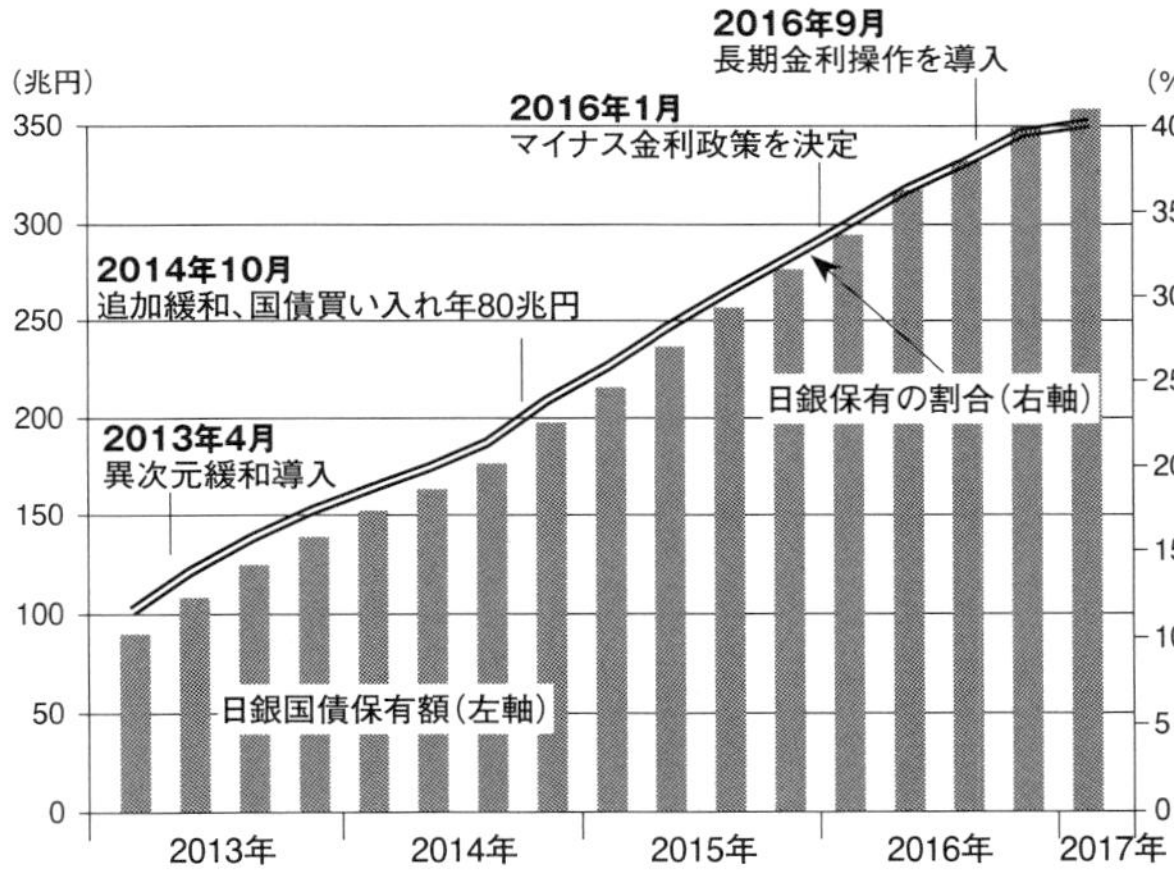

出典：財務省ウェブサイト参照

るのです。異次元緩和を始める前の２０１３年３月末時点での比率は１１・７％でしたから、なんと４倍増です。

上の［図表36］は日銀の国債保有残高の推移グラフです。これまで４回の緩和を経て、国債保有残高は伸び続けてきました。このペースで行くと２０１７年のうちに４００兆円を突破し、２０１８年に５００兆円を突破してしまいます。

そうなると、発行されている国債の半分以上を日銀が持つことになり、国債市場は麻痺してしまいます。金利はゼロに抑え続けられるかもしれませんが、流動性が失われるので、ちょっとしたことでも大きな金利変動が起こる可能性があります。

国債の買い手が日銀しかいない状態は、完全な「財政ファイナンス」の状態だと言えます。日銀が国債を買ってくれるおかげで、政府はいくらでも借金ができてしまうのです。そうなると、市場がこの状態に不信感を持ったときから日本円の価値はなくなります。厳密には、日銀は国債を市場から買っているため、その点で財政ファイナンスではないとも言えますが、これは形式上の話にすぎません。民間金融機関は、日銀が買ってくれるから国債を買っているのです。

それがいつになるかはわかりませんが、財政ファイナンスは必ず行き詰まります。そして、その先に待っているのは信用崩壊による金利の高騰です。金利が高騰すれば日銀は一気に赤字になり、それを埋めるために資産を売却するしかなくなります。しかし、その買い手はいませんから、ハイパーインフレになる可能性があります。

どんなものでも、買い占めるというのは無理を重ねることですから、最後は水面下に隠していた危機が一気に顕在化してしまうのです。黒田日銀は、まるで株の「仕手戦」を仕掛ける相場師のようです。仕手戦の最後で相場は必ず崩れます。黒田日銀の国債買い占めは、いまある危機を将来へ「先送り」しているにすぎないのです。

ここまで借金が膨らむと、危機を先送りしながら増税を続けていく以外、政府の取る道はないようです。日本全体が痛みを伴う抜本的解決を望んでいないのですから、現状ではこれしか道がありません。

死んだら必ず取られる「死亡消費税」

こうして増税が国家の延命策となったいま、政府はこの先も、さまざまな増税を仕掛けてくることは間違いありません。それはどんな形になるのでしょうか？

ここからは、浮上している〝新税〟について見ていきます。

まずは「死亡消費税」。聞きなれない名前ですが、２０１３年６月３日、首相官邸で開催された社会保障制度改革国民会議で、安倍首相のブレーンとして知られる民間委員の伊藤元重・東大教授が提案した税金です。伊藤教授は、これを増大し続ける社会保障費を補うものとして提案したのです。

人が死んだときに払う税金には、すでに相続税があります。しかし、これは資産を持っている人、つまり主に富裕層から取り立てる税金です。そこで、国民全員に死亡消費税を課して、死ぬときに財産から一定の税率を〝社会保障精算税〟として国に納めさせたらどうか、というのです。

現在、多くの日本人は60〜65歳で退職し、平均寿命の80〜85歳で死亡するまで、現役時代ほど消費をしません。日本人全体を平均すると、死亡時に平均約３０００万円の預貯金を残しているといいます。

そこで、そのなかで相続税の対象にならない分を、生前に支払うことのなかった「消費税相当額」として死亡時に支払ってもらい、それを高齢者の医療費にあててはどうかというのです。

医療費充当ですから、税の目的としては納得できるかもしれません。しかし、国がここまで財産権を侵害することが許されるのでしょうか。

現在、国民は約１７００兆円もの個人金融資産を保有しています。このうち、１０００兆円近くは団塊の世代をはじめとする65歳以上の高齢者約３０００万人が保有者です。この人々は、平均寿命から見て、２０２０年の東京オリンピック以後に順次この世を去っていきます。

そこで、死亡消費税の税率を５％とすれば、政府には今後50兆円、10％とすれば１００兆円のおカネが自動的に入ってくることになります。

マイナンバーで現実味を増した「貯蓄税」

次の「貯蓄税」は、文字通り国民の預貯金に対して課税するという極めて乱暴な税金です。しかし、マイナンバーで国民すべての預貯金が把握できるようになったことを考えると、実施される環境は整っています。税務署が、預金者の口座から自動的に引き落とせばいいだけだからです。

貯蓄税が国民に与えるメッセージは、「おカネを貯め込んではいけません。そういう人間は罰します」ということでしょう。

ただし、この税を全預金者にかけるわけにはいきません。少額預金にまで課税してしまえば、それらの預貯金が金融機関からすべて流出してしまうからです。

そこで構想されているのが、たとえば「国民1人当たり1000万を超える預金に対して毎年2%の税金を課税する」という形です。結局、持っている人に課税することになるわけです。しかし、1000万円預けたら1年で国に20万円取られるとなると、いくらお金持ちとはいえ、預ける人がいるでしょうか?

結局、国が狙っているのは「預金するのは損だ」と人々に考えさせること。それによっておカネが消費に回り、景気がよくなるからです。

貯蓄税は、富裕層から一般層に「所得の再配分」ができる点で優れているという意見も聞かれます。前記したとおり、消費税には「逆進性」があるのに対して、貯蓄税は、おカネを持っている人間に課税するので「公平になる」というわけです。

しかし、現実問題として、課税は国内の預貯金に対して行われるはずですから、この時代、大幅な資産フライト、預金の海外流出を招くだけでしょう。

貯蓄税に対する唯一の対抗策は、預貯金をせずタンス預金にしてしまうことです。しかし、こうなると決済が面倒になりますから、決済性の預金は例外にするなどの措置が取られるはずです。

繰り返しになりますが、おカネを稼ぎ、そこから所得税や住民税、社会保険料などを払い、残りのおカネで生活をし、やっと残った分が預貯金です。いくらお金持ちだとはいえ、そこからまたおカネを持っていくのは、民主主義国家がやることではありません。

たとえば、高齢者が現役時代に老後資金として貯めた1000万円にも課税するというのでしょうか？

消費税に代わる直接税としての「支出税」

貯蓄税が資産に対して課税するのに対して、「支出税」は消費に対して課税するもので、消費税と同じ直接税です。

支出税は、所得税が持っている欠陥を解消できるとして、１９７４年にアメリカの税法学者アンドリュースによって提案されました。しかし、現実的ではないとされ、これまでに導入された例はありません。

それにもかかわらず、なぜこの日本でこの案が浮上しているかというと、財政がそこまで逼迫しているからです。所得税でわかるように、現在の税制は所得を課税ベースにしています。そのため、サラリーマンの所得はほぼ１００％捕捉されていますが、自営業者や農業従事者の捕捉率は低いままです。また、地下ビジネスで動くアングラマネーは把握できません。こうした点が所得ベースの課税だと不公平になるので、支出税が浮上しているのです。

さらに、所得ベースだと資産があり働かなくていい人は所得がないので課税できません。しかし、支出税なら課税できます。

いずれにしても、所得ベースより消費ベースの課税にしたほうが、税がたくさん取れるのは間違いありません。

現在、国税庁のウェブサイトにも支出税の提案論文が掲載されています。

では、どうやって課税するのでしょうか。

まず、課税ベースとなる消費額は、「ある一定期間」を対象として、その間の所得から貯蓄を控除することで求めます。期間を1年間とすると、次のようになります。


1年間の消費額＝1年間の所得－1年間の貯蓄

こうして、その人の消費額に対して累進課税を行うのです。つまり、多く消費した人が多く払うことになります。

となると、日々の消費でレシートを欠かさず貰い、それを集計しなければならないと思いがちですが、実際には所得税と同じように、収入から必要経費を差し引いて所得を求め、その所得から貯蓄を差し引いた消費に課税する方法が想定されています。

それでもかなり面倒なことになりそうですが、ここでもまたマイナンバーがあるので、徴税は可能だと言われています。しかし、支出税には大きな欠点があります。消費のもとになる資産が、苦労して蓄積されたものか、前の世代から継承されたものかが区別できないという点です。

いちばん現実味を帯びてきた「資産税」

この章の冒頭でも述べましたが、将来導入される可能性のある税の本命が、資産に課税する「資産税」です。２０１５年、フランスの経済学者トマ・ピケティ氏の著書『21世紀の資本』がベストセラーになりましたが、このなかで唱えられているのが資産税です。

ピケティ氏はいまの世界を次のように捉え、「金持ちの財産にもっと課税せよ」と訴えたのです。

（1）世界中で所得と富の分配の不平等化が進んでいる。

（2）その原因は、経済の大きさが拡大する（成長率）よりも資本の取り分（収益率）が大きくなることにある。

資本収益率（r）＞経済成長率（g）

（3）これを解消するためには、「金持ちに対する所得の累進課税を再び強化する」「株式や不動産、相続税など、あらゆる資産で累進課税を導入または強化する」ことが必要だ。

しかし、力ずくで格差をなくすような政策は、人間社会の自然な形に逆らうことを意味します。また、人間の自由な活動を縛り、経済を縮小させてしまうことになりかねません。この点を無視して日本で資産税導入論が高まるのは、それほど政府も国民生活も追い込まれているからでしょう。

いずれにしても、いまや「金持ちからもっと取れ」は正義の言論になり、政治家も財務省もそれに乗っています。

資産税とは、文字どおり資産に課税する税金で「財産税」とも呼ばれます。要するに、金持ちが持っている資産に課税して、それを政府に移してしまおうということです。

資産税の話になると、必ず戦後日本で実施された「財産税」が引き合いに出されます。では、戦後日本でいったいなにがあったのでしょうか?

貧富の差を問わず国民から資産を巻き上げる

戦争で敗れた日本に残されたのは、戦費のために拠出された巨大な債務でした。これに物資の不足が追い打ちをかけ、ハイパーインフレが起こって物価はまたたく間に上昇します。当時の東京都の小売物価指数を見ると、戦後から６年間で物価は１００倍になっています。

国債に借入金を加えた政府債務残高の規模（対国民所得比）は、１９４４年度末時点で約２６７％に到達していました。この数字は現在とほぼ同じです。この巨大債務に加えて、政府は戦時補償債務や賠償問題を抱えていました。

つまり、当時の日本政府は完全な破産状態にあったのです。そして、インフレが進んで財産・資産の価値が目減りするため、国民が頼れるのは現金だけ。稼ぎによってその日暮らしをするという、厳しい現実のなかで生きていました。

こうした現状を打開するために行われたのが資産課税でした。それは、「預金封鎖→新円切替→財産税」という三段階で実施されました。

当時の大蔵省の方針は、「取るものは取る、返すものは返す」というものでした。そのため、まず預金封鎖と新円切替が行われたのです。これは端的に言って、国家による詐欺、トリックです。

預金引き出し額を１日１００円に制限（１カ月で１世帯５００円に制限）された国民は、なんとか限度額まで引き出します。しかし、そうこうするうちに旧勘定（旧円）と新勘定（新円）の移行期間が終了し、結果として国民は引き出せなかった旧勘定の資産をすべて失ってしまったのです。つまり、国が全部吸い上げたわけです。

そして、次に実施されたのが財産税です。その税率はこうなっていました。

1500万円超90％、500万〜1500万円以下85％、300万〜500万円以下80％、150万〜300万円以下75％、100万〜150万円以下70％——。

これには、持っている者からは徹底的に取るという姿勢が強く表れています。ただ、持っていない者からも同じように取りました。というのは、10万円でも25％課税される14段階課税になっていたからです。

この財産税の記録を見ると、課税財産価額の合計は昭和21年度（1946年度）の一般会計予算額に匹敵する規模に達しています。要するに、国民は国家予算に匹敵するほどのおカネを、貧富の差を問わず国家に巻き上げられたのです。そしてこれを財源として、政府は可能な限り、内国債の償還を行いました。

ただし、これだけのことを行ってもハイパーインフレは治まりませんでした。そこで、

GHQは最後の策として「ドッジ・ライン」という金融政策を行ったのです。これは厳しい「緊縮財政策」でした。緊縮財政とは、「歳入に見合った歳出しかしない」というもので、じつに当たり前のことです。こうしてやっとハイパーインフレは治まり、国民生活は安定を取り戻したのでした。

はたして、このようなことが現代でも可能かどうかは議論が分かれます。ただ、財産の把握が難しかった昔に比べて、いまはマイナンバーがあるため財産税の導入は比較的容易です。預金封鎖も、現在はもう現金社会ではないので、電子的に行うことは可能です。

最後は「インフレ税」による債務圧縮か？

日本国が「重税国家」になってしまったことを考えると、最後に行き着くのは「インフレ税」です。インフレ税と言っても、そんな名称の税金があるわけではありません。

インフレとは、おカネの価値が下がってモノの値段が上がること。ですから、これは税金と変わらないということで、インフレ税と呼ぶのです。

インフレになればなるほど、借金は実質的に減価されます。そうなれば、債権者はソンをして、債務者はトクすることになります。つまり、目に見えない税金が派生するというわけです。

インフレ税の場合、貯蓄税や資産税などのように、政府が手の込んだことをする必要はありません。前記したように、一部の国民はトクをし一部の国民はソンをしますが、これは国民相互間の問題であって、政府には影響がないのです。

政府は莫大な借金を抱える債務者ですから、インフレで実質的にトクをします。インフレ率が高ければ高いほど、つまりハイパーインフレになればなるほど国民の資産は吹き飛びますが、政府の債務は大きく圧縮されるのです。

現在の異次元緩和の行き着く先が国債暴落によるハイパーインフレなのかどうかは、市場のセンチメントの問題なので断言はできません。ただ、中央銀行がこれ以上マネーを増発すれば、貨幣の価値が下がってインフレが起こることは理論上ありえます。

もし、政府が意図的にこれをやっているとしたら、政府の延命策としては間違っていません。国民は貧しくなりますが、政府は存続することができるからです。

これまで、何度も「財政健全化」が叫ばれてきました。そして、歴代政権は常に「プライマリーバランスの黒字化を達成します」と、目標の設定を行ってきました。しかし、その目標が達成されたことは一度たりともないのです。安倍政権は、オリンピックイヤーの

「２０２０年度に達成する」と言い続けてきましたが、もはや〝空念仏〟と化しています。誰も信じていません。

アベノミクスが描いた、「リフレ政策による税収増で財政健全化」が絵に描いた餅であるとわかった以上、「インフレによる債務処理」が、次の政府の政策になる可能性は十分にあります。

なぜなら、歴史的に見ると、政府債務は多くの場合、インフレ税で解消されてきたからです。その場合、政府はなにもする必要がないのですから。

おわりに

本書は、私にとって2冊目の税金に関する本です。1冊目は、2014年に出した『税務署が隠したい増税の正体』（文春新書）で、このときは消費税の増税（5％→8％）を控えての出版でした。私は主に経済、ビジネスの分野で仕事をしてきましたが、税金に関しては専門ではありません。それでもこのような本を出したのは、あの時点で増税が日本経済、ひいては私たちの生活に大きな影響を与えるのが明確だったからです。

しかし、今回は表立った増税の動きはありません。安倍内閣は消費税の再増税を2019年10月まで延期してしまいました。ただ、本書内で述べたように、政府（官僚）は水面下で確実に増税路線を推進しています。そして前回の消費税増税時以上に、日本の財政と経済は悪化しています。

これらは目に見えない変化なので、あまり意識されません。しかし、危機が顕在化してしまったときは、すでに手遅れです。イソップの寓話ではありませんが、オオカミが来てからではもう遅いのです。

それまで、政府は重税路線を取り続けるしかありません。


本書内であまり触れなかったことがあります。それはこの先、ＡＩとロボットが主役の社会がやってきて、私たちの社会が劇的に変わる可能性が高いことです。

そういう時代に、いまある社会システムがそのまま続いていくとは考えられません。

人間がＡＩやロボットに置き換えられていくことで、大量の失業者が生まれるとされています。人間は労働から解放されますが、そうなると所得がなくなります。所得がなければ税金は払えません。課税はどうなるのでしょうか？

いまフィンランドなどでは、ベーシックインカムの社会実験が行われていますが、そういう世界になったとき、税制がどうなるのかは見当がつきません。

さらに、おカネの世界だけを見ても、すでに日常生活で電子マネーやデビットカード、商用ポイント、ＡＴＭシステムなどが機能しています。おカネはほぼ電子データに置き換えられ、キャッシュを見る機会が減りました。

いまや、仮想通貨（crypto-currency）のビットコイン（Bitcoin）も使われるようになっています。現在のところ、これは法的には通貨ではなくモノとして電子データ上だけで存在していますが、決済や取引ができます。その方法はブロックチェーン（blockchain）による記帳であって、いままでの方法とはまったく異なります。こうしたことに、どうやって課税していくのでしょうか？

また、いまのところ日本は世界でただ一国、ビットコインに消費税をかけていますが、その法的根拠は不明です。

最近の報道によると、イギリスの税務当局は、納税記録にブロックチェーンの採用を検討しているといいます。また、すでに「電子政府」（e-government）を実現したエストニアでは、納税はほぼオンラインになっています。税務が簡素化されたため、個人向け業務をする税理士がいなくなってしまったそうです。

とすれば、そのうち税務署の職員もＡＩになり、税務調査をＡＩがやる時代が来るはずです。

このような未来を想定して、私たちは仕事、所得、投資、資産などと、そこから派生する税金を考えていかねばなりません――。これを最後に書いて、本書を終えたいと思います。

2017年3月

山田　順

青春新書
INTELLIGENCE

こころ涌き立つ「知」の冒険

いまを生きる

"青春新書"は昭和三一年に――若い日に常にあなたの心の友として、その糧となり実になる多様な知恵が、生きる指標として勇気と力になり、すぐに役立つ――をモットーに創刊された。

そして昭和三八年、新しい時代の気運の中で、新書"プレイブックス"にその役目のバトンを渡した。「人生を自由自在に活動《プレイ》する」のキャッチコピーのもと――すべてのうっ積を吹きとばし、自由闊達な活動力を培養し、勇気と自信を生み出す最も楽しいシリーズ――となった。

いまや、私たちはバブル経済崩壊後の混沌とした価値観のただ中にいる。その価値観は常に未曾有の変貌を見せ、社会は少子高齢化し、地球規模の環境問題等は解決の兆しを見せない。私たちはあらゆる不安と懐疑に対峙している。

本シリーズ"青春新書インテリジェンス"はまさに、この時代の欲求によってプレイブックスから分化・刊行された。それは即ち、「心の中に自らの青春の輝きを失わない旺盛な知力、活力への欲求」に他ならない。応えるべきキャッチコピーは「こころ涌き立つ"知"の冒険」である。

予測のつかない時代にあって、一人ひとりの足元を照らし出すシリーズでありたいと願う。青春出版社は本年創業五〇周年を迎えた。これはひとえに長年に亘る多くの読者の熱いご支持の賜物である。社員一同深く感謝し、より一層世の中に希望と勇気の明るい光を放つ書籍を出版すべく、鋭意志すものである。

平成一七年

刊行者　小澤源太郎

著者紹介

山田 順〈やまだ じゅん〉

1952年、神奈川県横浜市生まれ。立教大学文学部卒業後、1976年光文社入社。『女性自身』編集部、『カッパブックス』編集部を経て、2002年『光文社 ペーパーバックス』を創刊し編集長を務める。2010年からフリーランス。現在、作家、ジャーナリストとして、取材・執筆活動をしながら、紙書籍と電子書籍の両方のプロデュースも手掛ける。

隠《かく》れ増税《ぞうぜい》
なぜあなたの手取《てど》りは増《ふ》えないのか

青春新書
INTELLIGENCE

2017年 4 月15日　第 1 刷

著　者　山《やま》　田《だ》　　順《じゅん》

発行者　小　澤　源　太　郎

責任編集　株式会社プライム涌光

電話　編集部　03(3203)2850

発行所　東京都新宿区若松町12番 1 号 〒162-0056　株式会社青春出版社

電話　営業部　03(3207)1916　振替番号　00190-7-98602

印刷・中央精版印刷　　製本・ナショナル製本

ISBN978-4-413-04511-7